ISBN 978-0-267-58164-1
PIBN 10997604

This book is a reproduction of an important historical work. Forgotten Books uses
state-of-the-art technology to digitally reconstruct the work, preserving the original format
whilst repairing imperfections present in the aged copy. In rare cases, an imperfection in
the original, such as a blemish or missing page, may be replicated in our edition. We do,
however, repair the vast majority of imperfections successfully; any imperfections that
remain are intentionally left to preserve the state of such historical works.

# 1 MONTH OF
# FREE
# READING

at

## www.ForgottenBooks.com

By purchasing this book you are eligible for one month membership to ForgottenBooks.com, giving you unlimited access to our entire collection of over 1,000,000 titles via our web site and mobile apps.

To claim your free month visit:

www.forgottenbooks.com/free997604

English
Français
Deutsche
Italiano
Español
Português

# www.forgottenbooks.com

**Mythology** Photography **Fiction**
Fishing Christianity **Art** Cooking
Essays Buddhism Freemasonry
Medicine **Biology** Music **Ancient
Egypt** Evolution Carpentry Physics
Dance Geology **Mathematics** Fitness
Shakespeare **Folklore** Yoga Marketing
**Confidence** Immortality Biographies
Poetry **Psychology** Witchcraft
Electronics Chemistry History **Law**
Accounting **Philosophy** Anthropology
Alchemy Drama Quantum Mechanics
Atheism Sexual Health **Ancient History**
**Entrepreneurship** Languages Sport
Paleontology Needlework Islam
**Metaphysics** Investment Archaeology
Parenting Statistics Criminology
**Motivational**

Deutsche Schul-Ausgaben
von
H. Schiller und P. Valentin
Nr. 23

# Hermann und Dorothea

von

## Johann Wolfgang von Goethe

Herausgegeben von

### Dr. Veit Valentin

Professor an dem Realgymnasium Wöhlerschule zu Frankfurt a. M.

Dresden
L. Ehlermann
1896

# Das künstlerische Problem.

Soll ein an und für sich einfacher und täglich sich wieder=
holender Vorgang die Grundlage für reiche Entfaltung seelischen
Lebens werden, so muß er so gestaltet werden, daß die Voraus=
setzungen nicht alltäglicher Art sind. Das Verlöbnis ist der erste
Schritt zur Ehe. Die Ehe aber hat den Charakter des Festen
und Bleibenden inmitten der unablässigen, bald sanfteren, bald
stürmischeren, niemals aber rastenden Bewegung des Lebens. In
erhöhtem Maße prägt sich dieser Charakter bei ihr aus, wenn
es sich bei der Eheschließung nicht nur um das Aufgeben der
selbstverständlichen Ungebundenheit handelt, wie der Ehelose sie, je
nach seinem Charakter, als Last oder als Gewinn fühlt, sondern
wenn durch sie ein außergewöhnliches Losgerissensein vom heimat=
lichen Boden und von der staatlichen und bürgerlichen Gesellschaft
aufgehoben wird. Gelingt es aber in einem einzelnen Falle den
ins Wanken geratenen Zustand der menschlichen und der staat=
lichen Gemeinschaft durch die Ehe wieder herzustellen, so gewinnt
dies Einzelereignis über den ihm an sich zukommenden Wert
hinaus eine erweiterte Bedeutung: es wird zum Sinnbild des
Segens der menschlichen Ordnung überhaupt: wie sie hier in
dem Einzelfalle wieder hergestellt wird, so erscheint sie als das
höchste und letzte Ergebnis alles menschlichen Gebahrens, das, wenn
es einen höheren Gehalt gewinnen will, als sicheren Unterbaues
des festen Standes der Ehe bedarf. Diesen Vorgang der Wieder=
herstellung und Sicherung menschlicher Ordnung überhaupt an
dem Einzelfall eines Eheverlöbnisses darzustellen und ihn als
Mittel zur Erregung eines ergreifenden seelischen Fühlens zu
verwenden, so daß der Hörer zu lebhaftestem Mitfühlen mit dem
Einzelfall und zum Nachfühlen seiner allgemeingiltigen Bedeutung
angeregt wird, ergiebt sich daher als das künstlerische Problem
des Dichters.

## Dichterische Voraussetzungen.

Zu seiner Lösung bedarf es zweier Voraussetzungen: die
erste ist die des Gegensatzes eines festgeordneten staatlich=bürger=
lichen Gefüges und einer ins Wanken geratenen menschlichen

Gemeinschaft. Das feste Gefüge der Ordnung wird durch den Mann vertreten, der es seiner Kraft zutrauen darf, das ins Schwanken Geratene an sich zu ziehen und mit starker Hand dem festen Bestande einzureihen. Die ins Schwanken geratene Gemeinschaft erscheint in dem des festen Haltes ganz besonders bedürftigen Weibe nur um so rührender: gelingt es gerade ihr diesen fehlenden Halt durch Einfügen in eine feste Gemeinschaft zu erringen, so wird das Bewußtsein von der Bedeutung des Überganges aus dem schwankenden Zustand in den sicheren Schutz geordneter Gemeinschaft ein ganz besonders deutliches und die Befriedigung darüber eine besonders kräftige werden. Die zweite Voraussetzung sind die durch ein bestimmtes einzelnes Ereignis gegebenen Verhältnisse, in denen diese Gegensätze zur Wirkung kommen und ihren Ausgleich durch ein Eheverlöbnis finden.

Die erste Voraussetzung bot sich dem Dichter in den durch die französische Revolution seit 1789 hervorgerufenen Unruhen und Umwälzungen, die ihn aufs tiefste ergriffen und die ihm zu einer Reihe von Dichtungen Veranlassung gaben. Gerade die bei der großen Bewegung vielfach hervortretende Aufhebung der staatlichen und der bürgerlichen Ordnung erfüllte den Dichter mit großer Besorgnis, so daß ihm die Betonung des Wertes dieser Ordnung geradezu eine Herzenssache wurde.

Die zweite Voraussetzung, das Einzelereignis, in der diese Gegensätze persönlich lebendig werden und zum Ausgleich gelangen, bot sich dem Dichter in der Erzählung von einem Mädchen, das mit ihren Landsleuten aus dem Erzbistum Salzburg um ihres protestantischen Bekenntnisses willen hatte auswandern müssen. Bei dem Zuge durch das Öttingische wurde sie von dem Sohne eines reichen Bürgers darauf angesprochen, ob sie bei seinem Vater dienen wolle. Als das Mädchen einwilligte, fragte der Sohn den Vater, der ihn schon lange zum Heiraten gemahnt hatte, ob er das Mädchen heiraten dürfe — sonst werde er niemals heiraten. Vater und Freunde, darunter der Prediger, mahnen ab, geben aber endlich nach, wie sie den Ernst des Jünglings erkennen. Das Mädchen wird dem Vater gebracht, ohne etwas anderes zu wissen als daß sie als Dienstmagd gemietet sei. Der Vater setzt aber voraus, daß der Sohn ihr seinen Wunsch bereits mitgeteilt habe, und fragt sie, wie ihr der Sohn gefalle und ob sie ihn heiraten wolle. Sie aber hält dies für Fopperei und erklärt, sie wolle gerne als Magd dienen, aber foppen laſſe ſie ſich nicht. Nun erklärt ſich der Sohn; das Mädchen fragt ihn, ob es ſein Ernſt wäre, daß er ſie haben wolle: dann wäre ihr es auch Recht, und ſie wolle ihn halten wie ihr Auge im Kopf. Der Sohn reicht ihr ein Ehepfand; da zog ſie aus dem Buſen einen Beutel mit zweihundert Dukaten hervor. Den gab ſie ihm als Mahlſchatz: ſo war die Ver= lobung richtig.

## Die künſtleriſche Geſtaltung des Stoffes.

Sollte aus dieſen Vorausſetzungen heraus der Stoff künſt= leriſche Geſtaltung gewinnen, ſo bedurfte es zunächſt der Weg= nahme eines ſtörenden Elementes: auf dem Boden konfeſſioneller Streitigkeiten konnte kein Kunſtwerk erwachſen, das den Charakter ungetrübter und rein poetiſcher Wirkung gehabt hätte: und doch kann es erſt in dieſem Falle zum Herzen des ganzen Volks ſprechen. Eine Beſeitigung dieſes konfeſſionellen Elementes allein hätte jedoch dem Stoffe beſten Falles einen rein idylliſchen Charakter gegeben: er hätte ein Bildchen kleinbürgerlichen Lebens geboten, das erfreut hätte ohne tiefer zu ergreifen, vorausgeſetzt, daß ſich eine Erklärung für das Auftreten des aus der Heimat losgeriſſenen Mädchens hätte finden laſſen. Es mußte alſo zu der Beſeitigung noch eine Hinzufügung kommen: ſie erfolgte durch Verpflanzen des Einzelereigniſſes auf den Boden der durch die franzöſiſche Revolution bewirkten Umwälzungen. Hierdurch werden die Vertriebenen die Vertreter der ins Schwanken geratenen bürgerlichſtaatlichen Weltordnung, die für jeden Geſitteten die gleiche hohe Bedeutung hat: ihre Wiederherſtellung iſt alſo nicht Sache einer Partei, ſondern der auf Kultur überhaupt Anſpruch machenden Menſchheit. Ebenſo aber iſt die Menſchheit überhaupt und hier zuerſt die nächſten Nachbarn von der in Bewegung geratenen Maſſe bedroht: um ſo wichtiger, um ſo weittragender wird die in dem Einzelereignis ſich offenbarende Wiederherſtellung der Ordnung und der gerade an ihr ſich ausſprechende Entſchluß, an dem errungenen Gute feſtzuhalten und es, wenn es nötig werden ſollte, mit Leib und Leben zu verteidigen, um ſo der verderblichen Sturmflut einen kräftigen Damm entgegen zu ſetzen. Hierdurch verliert das Einzelereignis den idylliſchen Charakter, der nur den kleinſten und nächſten Menſchenkreis in Bewegung zu ſetzen vermag, und gewinnt den echt epiſchen Charakter, durch den der Zuſammenhang des Einzelereigniſſes mit dem großen

Weltgeschick sich offenbaren muß. Erst durch diese Umgestaltung erhält der Stoff künstlerischen Charakter, der nun die Grundlage einer dichterischen Gestaltung werden kann.

## Die dichterische Gestaltung des Stoffes.

### 1. Einfluß des Stoffes auf die Gestaltung der Erzählung.

Durch die besondere Beschaffenheit des den Stoff bietenden Ereignisses, das nur die Möglichkeit einer sofortigen Entscheidung sowohl des seßhaften Bürgers als auch des vertriebenen Mädchens läßt oder aber ein Verschwinden des Mädchens für alle Zeiten notwendig macht, wird der Verlauf auf die engste Zeitentwickelung zusammengedrängt, so daß die einzelnen Bestandteile Schlag auf Schlag folgen müssen. Hierdurch gewinnt die Handlung im Gegensatz zu der sonst in der erzählenden Dichtung möglichen behaglichen Verbreitung über Zeit und Raum den Charakter einer dramatischen, dem Ziele unaufhaltsam zueilenden Dichtung. Dieser straffe Gang der Handlung wird besonders dadurch gewahrt, daß der Dichter auf die ihm zur Verfügung stehende Freiheit verzichtet, von dem zeitlichen Verlaufe der Handlung abzuweichen: er hält ihn aufs strengste ein und begnügt sich, wie es auch der Dramatiker thut, mit der Freiheit, seine Personen an verschiedene Orte zu begleiten, sobald es der Fortgang der Handlung notwendig macht. Da er seine Erzählung mit dem Gespräche der Eltern Hermanns beginnt, von da an die Handlung ununterbrochen weiterführt, so kann er Dorothea persönlich erst sehr spät auftreten lassen. Er gewinnt hieraus den nicht hoch genug zu schätzenden Vorteil, dem Hörer und Leser Dorothea erst so erscheinen zu lassen, wie sie sich durch ihr Thun und ihr Wesen in der Auffassung anderer abspiegelt. Die dabei hervortretende Steigerung, je mehr wir sie und ihr Thun kennen lernen, im Zusammenhang mit der wachsenden Bedeutung der Urteile, die über sie gefällt werden, läßt die Spannung, sie endlich selbst auftreten zu sehen, immer größer werden. Und wenn nun dieses Auftreten nicht nur alle Erwartungen erfüllt, sondern neue Spannung erweckt, so steigert sich unsre Teilnahme ununterbrochen bis zur glücklichen Erreichung des Zieles des Einzelereignisses und der es beständig begleitenden, selbst immer deutlicher hervortretenden und dadurch das Einzel-

ereignis zu immer höherer Bedeutung erhebenden Aussicht in die
Ferne der Weltereignisse.

## 2. Der Aufbau der Handlung aus den Charakteren.

Der Aufbau der Handlung entwickelt sich infolge dieser
durch den Stoff gegebenen Verhältnisse naturgemäß so, daß
zunächst die Handlung im Hause der Seßhaften sich vollzieht
bis zum Eintritt der entscheidenden Wendung, die ein Hinüber-
lenken zu der Handlung bei den Vertriebenen und die endliche
Zusammenführung der beiden ermöglicht; die entscheidende
Wendung, die Zustimmung des Vaters zu der Prüfung des
Mädchens, erfolgt genau in der Mitte des Ganzen, in der Mitte
des fünften Gesanges, auch der Verszahl nach fast in der Mitte der
Dichtung. Diese zählt 2033 Verse: die Entscheidung erfolgt
Vers 966. Die Gesamthandlung gliedert sich hiernach klar in
zwei Hauptgruppen. Die für den Fortgang der Handlung not-
wendige treibende Bewegung wird jedoch aus den Charakteren der
Hauptpersonen selbst entwickelt.

Hierfür kommt in erster Linie der Vater in Betracht: er
erscheint als das hemmende Element, aber gerade die Hemmungen,
die er der Handlung teils absichtlich, teils unabsichtlich bereitet,
wirken gegen seinen Willen entscheidend auf ihre Förderung ein.
In dieser Verwendung des Charakters des Vaters zeigt sich das
große künstlerische Geschick des Dichters, den Aufbau seiner
Handlung gerade durch das die Spannung Erregende selbst zum
Abschluß hinzuführen. Zweimal wird das Auftreten des Vaters
in dieser Weise entscheidend, zuerst durch den ungerecht über-
treibenden Tadel Hermanns, der die Mutter dem Sohne zu
folgen treibt und Veranlassung wird, daß der Sohn seine Liebe
zu dem fremden Mädchen gesteht und daß die Mutter mit
Unterstützung der Hausfreunde für Hermann und seinen Wunsch
eintritt; sodann aber durch die unabsichtlich verletzenden Worte,
die er zu Dorothea bei ihrem ersten Eintritt in das Haus spricht:
aber gerade hierdurch wird das Bekenntnis Dorotheas von ihrer
Neigung zu Hermann hervorgelockt und damit der Weg zu dem
erwünschten Abschluß ermöglicht.

Sodann aber ist es Hermann selbst, durch den die Handlung
in Bewegung gebracht wird. Er ist die einzige Persönlichkeit,
in der sich eine Entwickelung des Charakters vollzieht. Als un-
reifer, über das Ziel seiner Wünsche unklarer Jüngling war er

ausgefahren: die rasch erwachte Neigung zu Dorothea läßt ihn
den ersten Schritt zum selbständig handelnden Manne machen.
Er bewährt dies dadurch, daß er nach eigenem Ermessen alle
Gaben dem Mädchen anvertraut, die ihm eben noch fremd war,
die ihm aber durch ihre Fürsorge um andere mitten im eigenen
Elend sich als vertrauenswürdig erwiesen hat. Dem herb urteilen=
den Vater gegenüber tritt sein erwachtes Selbstgefühl bescheiden
zurück, aber nur um ihn desto entschiedener zu einem selbständigen
Schritte, zum Verlassen des väterlichen Hauses, zu treiben.
Durch die Mutter zurückgelenkt fügt er sich bittend dem Vater:
aber allen anderen gegenüber zeigt sich immer bedeutender seine
gereifte Mannesnatur. Er ist es, der den Hausfreunden am
Brunnen, wo er bleiben will, die Anweisungen für ihren Prüfungs=
gang erteilt; er ist es dann wieder, der sie allein nach Hause
zurückkehren heißt, um Dorotheen gegenüber allein und selbständig
zu handeln. So ist er schließlich reif geworden, um im verhängnis=
vollen Augenblick vor Vater, Mutter und Freunden zu Dorothea
das entscheidende Wort zu sprechen, das er ihr allein gegenüber
zu sagen sich noch gescheut hatte.

Vermittelnd greifen die Mutter und der würdige Pfarrherr
sowie der Apotheker ein. Diesen jedoch verwendet der Dichter
auch einmal in sehr glücklicher Weise zu einer Hemmung, die
allein die schöne Entwickelung des Verkehres zwischen Hermann
und Dorothea, besonders aber die volle Entfaltung des reinen
Fühlens von Dorothea ermöglicht: es tritt hierbei des Dichters
technisches Geschick in dem Aufbau der Handlung und in der
Verwendung der von ihm den Personen verliehenen Charaktere
besonders hervor. Wie Hermann die beiden Freunde zurückfahren
läßt, um durch eigenes Handeln sein Geschick zu entscheiden,
spricht er die Befürchtung aus, ein anderer Jüngling möchte
vielleicht das Herz der Jungfrau bereits gewonnen haben. Nun
hatte gerade vorher der Pfarrer vom Richter erfahren, Dorothea
sei bereits verlobt gewesen, der Bräutigam sei aber gestorben.
Schon öffnet er den Mund, um den Jüngling über seine Be=
sorgnis zu trösten: da fällt der geschwätzige Apotheker, dem stets
das Wort von der Lippe zu springen bereit ist, ihm in die Rede
und ergeht sich den Bedenken Hermanns gegenüber im Lobe der
guten alten Zeit, in der solcher Zweifel nicht vorkommen konnte,
da man sich des Freiersmannes als des Vermittlers bediente.
Da ihm Hermann sofort mit der Darlegung seines Entschlusses, nun

allein zu bleiben, erwidert, so wird der Pfarrer verhindert, seine Kenntnis der Sachlage Hermann mitzuteilen, und so wird es möglich, daß Hermann, wie er am Finger Dorotheens einen Verlobungsring sieht, seinen wirklichen Wunsch verschweigt und Dorotheen nur zur Unterstützung der Mutter dingt: er ist schon zufrieden, sie so überhaupt ins Haus zu bringen und vom Weiterziehen zurückzuhalten. Erst hierdurch aber wird die durch die Unkenntnis Dorotheens über ihre neue Stellung im Hause hervorgerufene Verwirrung, ihr Bekenntnis, der erste Verdruß und die nach solcher Spannung nur um so lebhafter empfundene Lösung der Verwickelung in voller Kraft wirksam. Gerade dieser von dem Dichter so geschickt verwendete Zug erhöht den Eindruck der geradezu dramatischen Wirkung des dichterischen Aufbaues.

### 3. Die Charaktere als Bewegungsmittel der Handlung.

Das Mittel mit Hilfe der Charaktere die Handlung in Bewegung zu setzen und zu einer Entscheidung zu drängen, besteht nun darin, daß aus den Charakteren sich Gegensätze in den Lebensanschauungen und Handlungsweisen entwickeln, die einen Zusammenstoß des Handelns unausbleiblich machen. Der Vater hat einen in energischer Thätigkeit vorwärts strebenden Charakter, der ihn aus dem Hause nach außen drängt, der ihn etwas Tüchtiges in der Gemeinschaft zu sein veranlaßt, ihn aber auch dazu treibt, nicht nur thätig und bedeutend zu sein, sondern es auch erscheinen zu lassen. Der Sohn dagegen findet sein Genüge zunächst im Hause und legt auf das Erscheinen, das Hervortreten seiner Thätigkeit, auf den äußeren Schein des Lebens keinen Wert: für ihn wird sich die Stellung in der Gemeinde aus seiner Thätigkeit und Tüchtigkeit im Haus ergeben. Der Vater sieht in einer glücklichen Heirat ein Mittel zum Vorwärtskommen: darum soll die Schwiegertochter bemittelt sein; sie soll ihn aber auch erheitern und sein Leben durch den freundlichen Schein schön gestalten können, wie er als Ergebnis einer höheren gesellschaftlichen Erziehung sich ergiebt. Der Sohn sucht ein Weib für sein Herz als die vertraute Genossin des Lebens, die vor allen Dingen seinem gemütvollen Fühlen genug thun kann: je weniger sein Wesen, seine Lebensauffassung mit denen des Vaters übereinstimmt, um so notwendiger ist ihm die sympathische Lebensgefährtin. Der Vater denkt für den Sohn an eine der Töchter des reichen Kaufmanns, dem er es in der

Lebenserscheinung gleich thun möchte: der Sohn aber fühlt sich
in seinem Gemütsleben gerade durch den einseitigen Wert verletzt,
der in dem reichen Haus auf den äußeren Schein gelegt wird,
so daß über dem Schliffe des Lebens der Gehalt des Lebens
verloren geht. So wünscht der Vater für den Sohn die Ver=
mählung, und der Sohn wünscht sie nicht minder für sich: aber
wie ihm des Vaters Wahl zuwider ist, so muß er, sobald sein
Herz nach seiner eigenen Natur gewählt hat, fürchten, daß seine
Wahl dem Vater zuwider ist. Da tritt die Mutter als Ver=
mittlerin ein: hat der Vater es doch selbst nicht anders gemacht,
als er sie nach dem großen Brande gewählt hat, so daß sich bei
dem Sohn in erhöhtem Maße nur wiederholt, was der Vater
einst gethan hat; so ist im tiefsten Grunde doch eine Überein=
stimmung zwischen Vater und Sohn da, die die Grundbedingung
für den schließlich glücklichen Ausgang bildet. Durch Erwähnung
des Brandes und seiner Folgen, die sich durch die ganze Dichtung
hinzieht, wird somit der glücklichen Lösung vorgebaut: wenn
Gegensätze nicht zu schlimmem Ausgang führen sollen, so muß
in ihnen zugleich ein ausgleichendes Element enthalten sein.

Im Grund ist der Vater mit dem Sohne sehr zufrieden,
er freut sich seiner Tüchtigkeit, er ist stolz darauf, wie trefflich
der Junge fährt: aber er möchte von dem Sohne noch mehr
nach seiner eigenen Weise geleistet sehen, und eben dieses Mehr=
wollen führt ihn zum Mißmut. Wie nun der Sohn, dem er
kein selbständiges Handeln zutraut, ihm durch die That beweist,
daß er wirklich männlichen Charakter besitzt, so überwiegt
die Liebe und die neu gewonnene Achtung vor dem bisher zu
gering geschätzten Sohne den Unmut über das Scheitern seiner
Pläne. Um ihn aber ganz zu versöhnen, hat der Dichter
Dorothea durch den Einfluß der westlichen Nachbarn zu ihrem
tüchtigen Gehalte den äußeren Schliff gewinnen lassen, der ganz
besonders geeignet ist, den letzten Grund des Gegensatzes,
die Freude des Vaters an dem äußeren, bestechenden, heiteren
Scheine des Lebens, aus dem Wege zu räumen: seinen Wünschen
nach dieser Seite hin wird durch das fremde Mädchen in un=
erwarteter Weise volle Erfüllung zuteil. So wird mit seinem
Takte an Stelle des Brautschatzes in Gold die Eigenschaft des
Schönsittlichen gesetzt und dadurch der Wert der Vereinigung
von der Stufe äußerlicher praktischer Befriedigung auf die
einer seelischen Befriedigung erhoben. Aber auch in Hermann

und Dorothea selbst erscheint ein bedeutsamer Gegensatz. Während
Hermann sich vor unsern Augen entwickelt, ist Dorothea von
Anfang an ein festgefügter Charakter. Der Dichter bringt Bewegung in diesen Zustand, indem er die Erkenntnis des Charakters
in uns entwickelt: nach seinen verschiedenen Seiten hin lehrt er
ihn nach und nach uns kennen und läßt ihn so gleichsam vor
unseren Augen entstehen, während thatsächlich die Entwickelung
in uns, nicht in ihm selbst sich vollzieht. So tritt auch Dorothea
in die Bewegung, die die ganze Dichtung beherrscht, mit ein:
von dem Augenblick an, wo sie in dem Berichte Hermanns zuerst
erscheint, wächst unsere Spannung, sie genauer kennen zu lernen,
immer mehr, und immer stärker befestigt sich in uns die Über-
zeugung, daß Hermanns unbewußtes, aber echtes Fühlen ein
richtiges gewesen ist. Aus dieser ersten Begegnung lernen wir
sie nur als die trotz eigner Not Hilfebereite kennen, die mit
ihrer Fürsorge Klugheit und Güte vereinigt: gerade diese um-
sichtige Thätigkeit erweckt Hermanns Vertrauen, der sich hier
nicht selbst zu helfen weiß. Von dem persönlichen Eindruck
schildert er bei dem Vater nichts. Wie er der Mutter allein
gegenüber ist, bricht sein tiefes Fühlen hervor, das uns lehrt,
daß hier allerdings das rechte Mädchen zur rechten Stunde sich
gezeigt hat. Und ermutigt wendet sich Hermann jetzt zum
Vater: „Die gebt mir, Vater! Mein Herz hat rein und sicher
gewählt: Euch ist sie die würdigste Tochter." Sie wird ihm
die „zuverlässigste Gattin" sein. Aber hat auch die Tüchtigkeit
des Mädchens Hermann zuerst mit Zutrauen erfüllt, so ist die
Anmut ihrer Erscheinung ihm gleichfalls sehr wohl bewußt geworden: wir erfahren sie aus der Schilderung, die er den Freunden giebt, wie diese auf die Suche ausgehen sollen. Aber
Dorothea hat auch den Mut und die Kraft, sich in dieser schlimmen
Zeit der Verwirrung selbst zu schützen, ja sogar andere aus der
Gefahr zu retten. Der Richter erzählt dem Pfarrer von der
Heldenthat einer Jungfrau, die sich und jüngere Mädchen mit
dem Schwerte vor roher Gewalt gerettet hat: wir wünschen
mit dem Pfarrer, dies mutige, hochherzige Mädchen möchte
Dorothea sein. Inzwischen hat der Apotheker Dorothea nach
Hermanns Beschreibung gefunden: des Vaters Schlafrock, der
mit großem Bedacht wiederholt erwähnt worden war und
den er jetzt von ihr schnell und gut verwendet findet, wird
dem Hausfreund eine sachliche Bestätigung für die Richtigkeit

seiner Vermutung. Und nun hält Dorothea die Probe vor dem
erfahrenen Blicke des Mannes, des Pfarrers, der sie prüfend be=
trachtet: so wird unsre Auffassung immer sicherer, und wir ver=
mögen kaum dem Zweifelworte des Freundes, daß der Schein oft
trüge, nachzugeben. Um so erfreuter sind wir durch den Richter
zu hören, daß Dorothea eben jene tapfere Jungfrau ist, und
wenn er von ihr erzählt, daß sie, die „so gut wie stark" ist, die
Schmerzen über des Bräutigams Tod „mit stillem Gemüt" er=
tragen hat. So erscheint sie uns in ihrem Wesen auch durch
die herbe Seite des Lebens gereift: der Schmerz hat sie nicht
verbittert, sondern sie nur um so werkthätiger und gütiger gemacht.
Dorothea ist uns bis jetzt stets nur so erschienen, wie sie in der
Vorstellung anderer lebt: aus dieser Vorstellungswelt führt sie
der Dichter für uns wie für Hermann in die Wirklichkeit der
Erscheinung so über, daß er das in Hermann lebende Bild von
ihr, das er überall außerhalb seiner zu sehen glaubt, nun that=
sächlich zu einer wirklichen Erscheinung werden läßt: „Fest be=
trachtet' er sie: es war kein Scheinbild, sie war es Selber".
Und nun ist sie in ihrem Sprechen und Thun klar, einfach und
vor allem maßvoll: sie weiß sich zu beherrschen, so daß Hermann
durch sie keine Ermutigung findet, ihr seinen Wunsch zu bekennen:
nur mit einem Zuge deutet der Dichter für uns, nicht für Her=
mann, den Zustand ihres Herzens an: wie sie beide ihre Bilder
im Wasser sich hatten spiegeln sehen und wie sie vom Brunnen
aufstehen, schauen sie beide noch einmal in den Brunnen zurück
„und süßes Verlangen ergriff sie": aber die Wirklichkeit wird
von der Maßhaltung beherrscht, die auch bei Hermann waltet,
besonders wie er beim Absteigen vom Weinberg die mit dem
Fuß Einknickende auffängt und sie, ohne seinem Fühlen Aus=
druck zu geben, ruhig im Arme hält. Ein letzter Zug fügt sich
zu Dorotheas Bild, so wie es in den Seelen anderer lebt, bei
dem Abschied von den Verwandten, in den Worten des Richters,
in dem Segen der Mutter, die sie gepflegt hat, und schließlich
in der Liebe der Kinder, die an ihr hängen und ihre „zweite
Mutter nicht lassen" wollen: wer durch sein Wesen die Liebe
der Kinder gewinnt, ist ein guter Mensch, und ist es ein Mädchen,
so liegt in solcher Kinderliebe die Gewähr, daß sie selbst dereinst
eine gute Mutter sein wird.

Dadurch daß der Dichter Dorothea das neue Heim betreten
läßt, ohne daß sie eine Kenntnis von der Stellung hat, die sie

dort einnehmen soll, gewinnt er die Möglichkeit, eine neue
Spannung zu erwecken: wie wird sich diese widerspruchsvolle
Lage lösen? Er gewinnt aber auch die Möglichkeit, Dorotheas
gefesteten Charakter die entscheidende Probe ablegen zu lassen.
Die Anrede des Vaters, der sie als Schwiegertochter begrüßt
und damit als Thatsache ausspricht, was in ihr als stilles, letztes
und höchstes Ziel im tiefsten Herzensgrunde aufgetaucht war,
wirkt gerade deshalb verletzend: dennoch bewahrt sie sich die
Herrschaft der Seele, bis des Pfarrers prüfendes Wort ihr das
Bekenntnis ihrer Stimmung entreißt: frei und offen, wie ihr
ganzes Wesen ist, enthüllt sie den Grund ihrer Seele, selbst um
den Preis das Haus, wo sie Zuflucht gehofft hatte, nach diesem
Bekenntnis wieder verlassen zu müssen. Wie sehr sie aber gerade
dem Wunsche des Vaters, der auf Äußerung freundlichen und
gewinnenden Betragens Wert legt, durch ihr Wesen und ihre Erziehung entspricht, bewährt sie in der liebenswürdig versöhnenden
Art, mit der sie den Mißmut des Vaters zu bannen versteht.

Es ist ein feiner und für den Aufbau der Dichtung ent-
scheidender Zug des Dichters, daß er den äußerlich seßhaften
Jüngling eine innere Entwickelung durchmachen läßt, während er
die heimatlos Gewordene, die äußerlich in dem Zustand unsicheren Schwankens sich befindet, als den innerlich gefesteten, in
sich und mit sich einigen und klaren Charakter hinstellt, der einer
inneren Entwickelung nicht mehr bedarf: so wird für sie der
Mann eine äußere Stütze, sie aber wird dem Manne der feste
innere Halt, auf den sich stützend er sagen kann: „Du bist mein,
und nun ist das Meine meiner als jemals", und auf den
bauend er sicheren Herzens das Haus verlassen kann, um im
Falle der Gefahr „dem Feinde die Brust sicher entgegen" zu
stellen. So ist im Kleinen die bürgerlichstaatliche Ordnung
wiederhergestellt und der Ausblick darauf gewonnen, daß es so
auch im Großen sein wird und so bleiben muß, wenn die Welt
nicht in ein Chaos, ein trauriges Wirrsal, gestürzt, sondern zu einem
Kosmos, einem Zustande schönsittlicher Weltordnung, erhoben
werden soll.

## Die Andeutung der Entwickelung der Handlung durch die Benennung der Gesänge.

In feinsinniger Weise hat der Dichter diese Entwickelung
in der Benennnng der einzelnen Gesänge angedeutet. Um sie

zu gewinnen, gliedert er seine ursprünglich anders geteilte
Dichtung schließlich in neun Gesänge: so wird es ihm möglich,
jeden Gesang durch den Namen einer Muse im allgemeinen
zu charakterisieren, während er durch die Hinzufügung einer
zweiten, dem Inhalte der Dichtung selbst entnommenen Bezeich=
nung den besonderen Inhalt bezeichnet. Diese zweite Benennung
wirkt nach zwei Seiten hin: sie stellt spezialisierend die Beziehung
zwischen dem allgemeinen Charakter der einzelnen Muse zu
dem besonderen Teile des Gedichtes her, und sie giebt generali=
sierend für diesen besonderen Teil wiederum den vorherrschenden
allgemeinen Gesichtspunkt an, unter den das Einzelne dieses
besonderen Teiles sich unterordnet. Die kunstvolle Gliederung
des Gesanges wird somit zwar angedeutet: sie im einzelnen zu
verfolgen, bleibt jedoch dem Hörer und Leser überlassen.

Die Musen sind Töchter des Zeus und der Mnemosyne,
der Göttin der Erinnerung; ihr Anführer aber ist Apollo, der
Gott des Gesanges, der die Saiten der Lyra schlagend in be=
geistertem Gesange vor ihnen einherschreitet. So steht im Vatikan
in dem Musensaale die dem Skopas nachgebildete Statue des
singend einherschreitenden Apollo im Kreise der ihm lauschenden
Musen, die bereit sind, den Gesang aufzunehmen und fortzu=
führen. Geschieht dies, so gewinnt der göttliche Gesang durch
jede der Musen eine besondere Gestaltung und Richtung, je nach
dem Charakter der einzelnen Muse und der ihr im besonderen
zugewiesenen Aufgabe. Hier nun tritt an Stelle des Gottes
der Dichter selbst: der Gesang, den er anhebt, erhält je nach
der Muse, die ihn aufnimmt und ausführt, seinen besonderen
Inhalt und Charakter. Da es sich um eine epische Dichtung
handelt, so beginnt Kalliope, die Schönstimmige, die Muse
des heroischen epischen Gesanges, die durch Schreibtafel und
Stilus charakterisiert ist: wie sich hier ihr Gesang besonders
gestaltet, bezeichnet die Hinzufügung: „Schicksal und Anteil":
das Schicksal der Vertriebenen und der Anteil, den die Seßhaften
nehmen, ohne noch von dem im einzelnen besonders ergreifenden
Erlebnissen etwas Näheres zu wissen. Da beginnt Terpsichore,
die Tanzfrohe, die die Lyra trägt, mit deren Klängen sie
ihre Bewegungen rhythmisch regelt: den Inhalt giebt hier „Her=
mann", der als veränderter Mensch fröhlich und heiter erscheint
und lieber jetzt als in ruhigen Zeiten ein Mädchen zum Altar
führen möchte. Der Mißton, mit dem dieser Gesang schließt,

wird freundlich gelöst durch Thalia, die Blühende, die die komische Maske trägt und heiteren Sinnes ist: die „Bürger" führen durch ihr Gespräch, besonders durch die sein humoristische Gestalt des Apothekers und die Schilderung seiner vergeblichen zierlichen Bestrebungen in Haus und Garten die verlorene gute Stimmung zurück, während Euterpe, die Erfreuerin, die die Flöte trägt und die tiefgehenden Bewegungen des menschlichen Herzens in lyrischem Gesange zum Ausdruck bringt, „Mutter und Sohn" vorführt und uns zeigt, wie das tief getroffene und mehr als sonst empfindliche Herz des Sohnes leidenschaft= lich ausbricht und durch die kluge Mutter zur freudigen Hoff= nung gelenkt wird. Polyhymnia, die Hymnenreiche, die Schöpferin ernster, gottesdienstlicher Gesänge, führt aus dem engen Kreise der Bürger und ihrem behaglichen Dasein hinüber in den Kreis des „Weltbürgers", der von dem großen gigantischen Schicksal ergriffen und bewegt worden ist und doch den ordnenden Geist nicht verloren gehen läßt: so erinnert der Richter in seinem Auftreten an die Patriarchen und führt ihr ernstes Walten in feierlicher und doch so menschlich anheimelnder Würde vor die Augen. Das Schicksal aber, wie es sich allmählich entwickelt und sich zu geschichtlich großer Bedeutung gestaltet hat, lehret Klio, die Verkünderin, die das Geschehene in die Schrift= rolle einzeichnet: es entfaltet sich in Ereignissen, die weit über die nächsten Grenzen hinauswirken, und führt ein neues „Zeit= alter" herauf. Den Rückweg von dem großen weltbewegenden Geschick zu dem herzbewegenden Einzelgeschick bahnt Erato, die Liebende: Dorothea erscheint persönlich und tritt Hermann ent= gegen, und die beiden erfüllt im tiefsten Herzen „süßes Verlangen". Aber streng tritt Melpomene, die Sängerin ernsten Geschickes, die die tragische Maske trägt, dazwischen: in „Hermann und Dorothea" schwebt über der erst äußerlich geschlossenen Ver= einigung die Sorge neuer Trennung, die, wenn sie eintritt, eine bleibende sein muß: wie über der nahen Ernte hängt drohend ein schweres Gewitter über den Liebenden — wird es sich zum Verderben oder zum Segen lösen? Da bringt Urania, die Himmlische, die den Globus hält und sinnend nach den Sternen schaut, die Lösung, die weit über die freundliche Gestaltung des Einzelgeschickes hinausgeht und die „Aussicht" auf das Ganze, auf das Weltgeschick eröffnet und damit das Los des einzelnen mit dem Lose des Ganzen aufs engste verknüpft.

## Der künstlerische Aufbau.

### Übersicht.

Verschärfung ihres Schmerzes und dadurch Bekenntnis ihrer Neigung, aber auch Entschluß, das Haus zu verlassen. Hermanns erneute Bitte an den Pfarrer: dieser verweist Hermann auf eigenes Handeln. Hermanns Werbung. Versöhnung des Vaters.

239-318   c) Verlobung durch den Pfarrer: Frage nach dem Ring. Dorotheas Erzählung von ihrem ersten Verlobten, seinem Abschied, seiner Lehre und Warnung. Dorotheas Fühlen: Errettung aus schwankender Flut auf festen Boden. Hermanns Entschluß, das Feste zu erhalten im Vertrauen auf die tüchtige Frau im Hause: so kann er draußen ringen nach dem höchsten Ziele, der Freude am Frieden.

## Der epische Stil.

In der Behandlung der Erzählung sowie der Sprache schloß sich Goethe eng an Homer an: die Eigentümlichkeiten des epischen Stiles Homers hat inzwischen J. Ziehen eingehend dargestellt, so daß hier auf diese Darstellung verwiesen werden darf: Anhang I der „Odyssee" S. 165—166 (Deutsche Schulausgaben N. 21/22: Homers Odyssee).

# Kalliope.

## Schicksal und Anteil.

„Hab' ich den Markt und die Straßen doch nie so einsam gesehen!
Ist doch die Stadt wie gekehrt! wie ausgestorben! Nicht fünfzig.
Deucht mir, blieben zurück, von allen unsern Bewohnern.
Was die Neugier nicht thut! So rennt und läuft nun ein jeder,
Um den traurigen Zug der armen Vertriebnen zu sehen.
Bis zum Dammweg, welchen sie ziehn, ist's immer ein Stündchen,
Und da läuft man hinab im heißen Staube des Mittags.
Möcht' ich mich doch nicht rühren vom Platz, um zu sehen das Elend
Guter fliehender Menschen, die nun mit geretteter Habe,
10 Leider, das überrheinische Land, das schöne, verlassend,
Zu uns herüberkommen und durch den glücklichen Winkel
Dieses fruchtbaren Thals und seiner Krümmungen wandern.
Trefflich hast du gehandelt, o Frau, daß du milde den Sohn fort
Schicktest, mit altem Linnen und etwas Essen und Trinken,
Um es den Armen zu spenden: denn Geben ist Sache des Reichen.
Was der Junge doch fährt und wie er bändigt die Hengste!
Sehr gut nimmt das Kütschchen sich aus, das neue; bequemlich
Säßen viere darin, und auf dem Bocke der Kutscher.
Diesmal fuhr er allein; wie rollt' es leicht um die Ecke!"
20 So sprach, unter dem Thore des Hauses sitzend am Markte,
Wohlbehaglich, zur Frau der Wirt zum Goldenen Löwen.

Und es versetzte darauf die kluge verständige Hausfrau:
„Vater, nicht gerne verschenk' ich die abgetragene Leinwand:
Denn sie ist zu manchem Gebrauch und für Geld nicht zu haben,
Wenn man ihrer bedarf.  Doch heute gab ich so gerne
Manches bessere Stück an Überzügen und Hemden:
Denn ich hörte von Kindern und Alten, die nackend dahergehn.
Wirst du mir aber verzeihn? denn auch dein Schrank ist geplündert.
Und besonders den Schlafrock mit indianischen Blumen,

30 Von dem feinsten Kattun, mit seinem Flanelle gefüttert,
Gab ich hin: er ist dünn und alt und ganz aus der Mode."
  Aber es lächelte drauf der treffliche Hauswirt und sagte:
„Ungern vermiss' ich ihn doch, den alten kattunenen Schlafrock
Echt ostindischen Stoffs: so etwas kriegt man nicht wieder.
Wohl! ich trug ihn nicht mehr. Man will jetzt freilich, der Mann soll
Immer gehn im Sürtout und in der Pekesche sich zeigen,
Immer gestiefelt sein; verbannt ist Pantoffel und Mütze."
  „Siehe!" versetzte die Frau, „dort kommen schon einige wieder,
Die den Zug mit gesehn: er muß doch wohl schon vorbei sein.
40 Seht, wie allen die Schuhe so staubig sind! Wie die Gesichter
Glühen! Und jeglicher führt das Schnupftuch und wischt sich den
                                                            Schweiß ab.
Möcht' ich doch auch in der Hitze nach solchem Schauspiel so weit nicht
Laufen und leiden! Fürwahr, ich habe genug am Erzählten."
  Und es sagte darauf der gute Vater mit Nachdruck:
„Solch ein Wetter ist selten zu solcher Ernte gekommen,
Und wir bringen die Frucht herein, wie das Heu schon herein ist,
Trocken: der Himmel ist hell, es ist kein Wölkchen zu sehen,
Und von Morgen wehet der Wind mit lieblicher Kühlung.
Das ist beständiges Wetter! Und überreif ist das Korn schon:
50 Morgen fangen wir an zu schneiden die reichliche Ernte."
  Als er so sprach, vermehrten sich immer die Scharen der Männer
Und der Weiber, die über den Markt sich nach Hause begaben;
Und so kam auch zurück mit seinen Töchtern gefahren
Rasch an die andere Seite des Markts der begüterte Nachbar
An sein erneuertes Haus, der erste Kaufmann des Ortes,
Im geöffneten Wagen: er war in Landau verfertigt.
Lebhaft wurden die Gassen; denn wohl war bevölkert das Städtchen,
Mancher Fabriken befliß man sich da und manches Gewerbes.
  Und so saß das trauliche Paar, sich unter dem Thorweg
60 Über das wandernde Volk mit mancher Bemerkung ergetzend.
Endlich aber begann die würdige Hausfrau und sagte:
„Seht! dort kommt der Prediger her, es kommt auch der Nachbar
Apotheker mit ihm: die sollen uns alles erzählen,
Was sie draußen gesehn und was zu schauen nicht froh macht."
  Freundlich kamen heran die beiden und grüßten das Ehpaar,
Setzten sich auf die Bänke, die hölzernen, unter dem Thorweg,
Staub von den Füßen schüttelnd und Luft mit dem Tuche sich fächelnd.
Da begann denn zuerst nach wechselseitigen Grüßen

Der Apotheker zu sprechen und sagte beinahe verdrießlich:
70 „So sind die Menschen fürwahr! und einer ist doch wie der andre,
Daß er zu gaffen sich freut, wenn den Nächsten ein Unglück befället!
Läuft doch jeder, die Flamme zu sehn, die verderblich emporschlägt,
Jeder den armen Verbrecher, der peinlich zum Tode geführt wird.
Jeder spaziert nun hinaus, zu schauen der guten Vertriebnen
Elend, und niemand bedenkt, daß ihn das ähnliche Schicksal
Auch, vielleicht zunächst, betreffen kann, oder doch künftig.
Unverzeihlich sind' ich den Leichtsinn; doch liegt er im Menschen."

Und es sagte darauf der edle, verständige Pfarrherr,
Er, die Zierde der Stadt, ein Jüngling näher dem Manne.
80 Dieser kannte das Leben und kannte der Hörer Bedürfnis,
War vom hohen Werte der heiligen Schriften durchdrungen,
Die uns der Menschen Geschick enthüllen und ihre Gesinnung;
Und so kannt' er auch wohl die besten weltlichen Schriften.
Dieser sprach: „Ich table nicht gern, was immer dem Menschen
Für unschädliche Triebe die gute Mutter Natur gab:
Denn was Verstand und Vernunft nicht immer vermögen, vermag oft
Solch ein glücklicher Hang, der unwiderstehlich uns leitet.
Lockte die Neugier nicht den Menschen mit heftigen Reizen,
Sagt! erführ' er wohl je, wie schön sich die weltlichen Dinge
95 Gegeneinander verhalten? Denn erst verlangt er das Neue,
Suchet das Nützliche dann mit unermüdetem Fleiße;
Endlich begehrt er das Gute, das ihn erhebet und wert macht.
In der Jugend ist ihm ein froher Gefährte der Leichtsinn,
Der die Gefahr ihm verbirgt und heilsam geschwinde die Spuren
Tilget des schmerzlichen Übels, sobald es nur irgend vorbeizog.
Freilich ist er zu preisen, der Mann, dem in reiferen Jahren
Sich der gesetzte Verstand aus solchem Frohsinn entwickelt,
Der im Glück wie im Unglück sich eifrig und thätig bestrebet:
Denn das Gute bringt er hervor und ersetzet den Schaden."

100     Freundlich begann sogleich die ungeduldige Hausfrau:
„Saget uns, was Ihr gesehn: denn das begehrt' ich zu wissen."
„Schwerlich", versetzte darauf der Apotheker mit Nachdruck,
„Werd' ich so bald mich freun nach dem, was ich alles erfahren.
Und wer erzählet es wohl, das mannigfaltigste Elend!
Schon von ferne sahn wir den Staub, noch eh' wir die Wiesen
Abwärts kamen: der Zug war schon von Hügel zu Hügel
Unabsehlich dahin, man konnte wenig erkennen.
Als wir nun aber den Weg, der quer durchs Thal geht, erreichten,

War Gedräng' und Getümmel noch groß der Wandrer und Wagen.
110 Leider sahen wir noch genug der Armen vorbeiziehn,
Konnten einzeln erfahren, wie bitter die schmerzliche Flucht sei,
Und wie froh das Gefühl des eilig geretteten Lebens.
Traurig war es zu sehn, die mannigfaltige Habe,
Die ein Haus nur verbirgt, das wohlversehne, und die ein
Guter Wirt umher an die rechten Stellen gesetzt hat,
Immer bereit zum Gebrauche, denn alles ist nötig und nützlich:
Nun zu sehen das alles, auf mancherlei Wagen und Karren
Durcheinander geladen, mit Übereilung geflüchtet.
Über dem Schranke lieget das Sieb und die wollene Decke,
120 In dem Backtrog das Bett, und das Leintuch über dem Spiegel.
Ach! und es nimmt die Gefahr, wie wir beim Brande vor zwanzig
Jahren auch wohl gesehn, dem Menschen alle Besinnung,
Daß er das Unbedeutende faßt und das Teure zurückläßt.
Also führten auch hier mit unbesonner Sorgfalt
Schlechte Dinge sie fort, die Ochsen und Pferde beschwerend,
Alte Bretter und Fässer, den Gänsestall und den Käfig.
Auch so keuchten die Weiber und Kinder, mit Bündeln sich schleppend,
Unter Körben und Butten voll Sachen keines Gebrauches:
Denn es verläßt der Mensch so ungern das letzte der Habe.
130 Und so zog auf dem staubigen Weg der drängende Zug fort,
Ordnungslos und verwirrt. Mit schwächeren Tieren der eine
Wünschte langsam zu fahren, ein anderer, emsig zu eilen:
Da entstand ein Geschrei der gequetschten Weiber und Kinder,
Und ein Blöken des Viehes, dazwischen der Hunde Gebelfer,
Und ein Wehlaut der Alten und Kranken, die hoch auf dem schweren
Übergepackten Wagen auf Betten saßen und schwankten.
Aber, aus dem Gleise gedrängt nach dem Rande des Hochwegs
Irrte das knarrende Rad: es stürzt' in den Graben das Fuhrwerk
Umgeschlagen, und weithin entstürzten im Schwunge die Menschen
140 Mit entsetzlichem Schrein in das Feld hin, aber doch glücklich.
Später stürzten die Kasten und fielen näher dem Wagen.
Wahrlich, wer im Fallen sie sah, der erwartete nun sie
Unter der Last der Kisten und Schränke zerschmettert zu schauen.
Und so lag zerbrochen der Wagen und hilflos die Menschen:
Denn die übrigen gingen und zogen eilig vorüber,
Nur sich selber bedenkend und hingerissen vom Strome.
Und wir eilten hinzu und fanden die Kranken und Alten,
Die zu Haus und im Bett schon kaum ihr dauerndes Leiden

Trügen, hier auf dem Boden beschädigt ächzen und jammern,
150 Von der Sonne verbrannt und erstickt vom wogenden Staube."
Und es sagte darauf gerührt der menschliche Hauswirt:
„Möge doch Hermann sie treffen und sie erquicken und kleiden!
Ungern würd' ich sie sehn: mich schmerzt der Anblick des Jammers.
Schon von dem ersten Bericht so großer Leiden gerühret,
Schickten wir eilend ein Scherflein von unserm Überfluß, daß nur
Einige würden gestärkt, und schienen uns selber beruhigt.
Aber laßt uns nicht mehr die traurigen Bilder erneuern,
Denn es beschleichet die Furcht gar bald die Herzen der Menschen
Und die Sorge, die mehr als selbst mir das Übel verhaßt ist.
160 Tretet herein in den hinteren Raum, das kühlere Sälchen:
Nie scheint Sonne dahin, nie bringet wärmere Luft dort
Durch die stärkeren Mauern; und Mütterchen bringt uns ein Gläschen
Dreiundachtziger her, damit wir die Grillen vertreiben.
Hier ist nicht freundlich zu trinken: die Fliegen umsummen die Gläser."
Und sie gingen dahin und freuten sich alle der Kühlung.
Sorgsam brachte die Mutter des klaren, herrlichen Weines,
In geschliffener Flasche auf blankem zinnernem Runde,
Mit den grünlichen Römern, den echten Bechern des Rheinweins.
Und so sitzend umgaben die drei den glänzend gebohnten,
170 Runden, braunen Tisch: er stand auf mächtigen Füßen.
Heiter klangen sogleich die Gläser des Wirtes und Pfarrers;
Doch unbeweglich hielt der dritte denkend das seine,
Und es fordert' ihn auf der Wirt mit freundlichen Worten:
„Frisch, Herr Nachbar, getrunken! Denn noch bewahrte vor Unglück
Gott uns gnädig und wird auch künftig uns also bewahren.
Denn wer erkennet es nicht, daß seit dem schrecklichen Brande,
Da er so hart uns gestraft, er uns nun beständig erfreut hat
Und beständig beschützt, so wie der Mensch sich des Auges
Köstlichen Apfel bewahrt, der vor allen Gliedern ihm lieb ist.
180 Sollt' er fernerhin nicht uns schützen und Hilfe bereiten?
Denn man sieht es erst recht, wie viel er vermag, in Gefahren!
Sollt' er die blühende Stadt, die er erst durch fleißige Bürger
Neu aus der Asche gebaut und dann sie reichlich gesegnet,
Jetzo wieder zerstören und alle Bemühung vernichten?"
Heiter sagte darauf der treffliche Pfarrer und milde:
„Haltet am Glauben fest und fest an dieser Gesinnung:
Denn sie macht im Glücke verständig und sicher, im Unglück
Reicht sie den schönsten Trost und belebt die herrlichste Hoffnung."

Da versetzte der Wirt mit männlichen klugen Gedanken:
190 „Wie begrüßt’ ich so oft mit Staunen die Fluten des Rheinstroms,
Wenn ich, reisend nach meinem Geschäft, ihm wieder mich nahte!
Immer schien er mir groß und erhob mir Sinn und Gemüte:
Aber ich konnte nicht denken, daß bald sein liebliches Ufer
Sollte werden ein Wall, um abzuwehren den Franken,
Und sein verbreitetes Bett ein allverhindernder Graben.
Seht, so schützt die Natur, so schützen die wackeren Deutschen,
Und so schützt uns der Herr: wer wollte thöricht verzagen?
Müde schon sind die Streiter, und alles deutet auf Frieden.
Möge doch auch, wenn das Fest, das lang’ erwünschte, gefeiert
200 Wird in unserer Kirche, die Glocke dann tönt zu der Orgel,
Und die Trompete schmettert, das hohe Tedeum begleitend,
Möge mein Hermann doch auch an diesem Tage, Herr Pfarrer,
Mit der Braut entschlossen vor Euch am Altare sich stellen,
Und das glückliche Fest, in allen den Landen begangen,
Auch mir künftig erscheinen, der häuslichen Freuden ein Jahrstag!
Aber ungern seh’ ich den Jüngling, der immer so thätig
Mir in dem Hause sich regt, nach außen langsam und schüchtern.
Wenig findet er Lust sich unter Leuten zu zeigen,
Ja, er vermeidet sogar der jungen Mädchen Gesellschaft
210 Und den fröhlichen Tanz, den alle Jugend begehret.“
Also sprach er und horchte.  Man hörte der stampfenden Pferde
Fernes Getöse sich nahn, man hörte den rollenden Wagen,
Der mit gewaltiger Eile nun donnert’ unter den Thorweg.

## Terpsichore.

### Hermann.

Als nun der wohlgebildete Sohn ins Zimmer hereintrat,
Schaute der Prediger ihm mit scharfen Blicken entgegen,
Und betrachtete seine Gestalt und sein ganzes Benehmen
Mit dem Auge des Forschers, der leicht die Mienen enträtselt,
Lächelte dann und sprach zu ihm mit traulichen Worten:
„Kommt Ihr doch als ein veränderter Mensch! Ich habe noch niemals
Euch so munter gesehn und Eure Blicke so lebhaft.
Fröhlich kommt Ihr und heiter; man sieht, Ihr habet die Gaben
Unter die Armen verteilt und ihren Segen empfangen.“
10 Ruhig erwiderte drauf der Sohn mit ernstlichen Worten:
„Ob ich löblich gehandelt, ich weiß es nicht: aber mein Herz hat

Mich geheißen zu thun, so wie ich genau nun erzähle.
Mutter, Ihr kramtet so lange, die alten Stücke zu suchen
Und zu wählen: nur spät war erst das Bündel zusammen,
Auch der Wein und das Bier ward langsam, sorglich gepacket.
Als ich nun endlich vors Thor und auf die Straße hinauskam,
Strömte zurück die Menge der Bürger mit Weibern und Kindern
Mir entgegen: denn fern war schon der Zug der Vertriebnen.
Schneller hielt ich mich dran und fuhr behende dem Dorf zu,
20 Wo sie, wie ich gehört, heut übernachten und rasten.
Als ich nun meines Weges die neue Straße hinanfuhr,
Fiel mir ein Wagen ins Auge, von tüchtigen Bäumen gefüget,
Von zwei Ochsen gezogen, den größten und stärksten des Auslands:
Nebenher aber ging mit starken Schritten ein Mädchen,
Lenkte mit langem Stabe die beiden gewaltigen Tiere,
Trieb sie an und hielt sie zurück, sie leitete klüglich.
Als mich das Mädchen erblickte, so trat sie den Pferden gelassen
Näher und sagte zu mir: Nicht immer war es mit uns so
Jammervoll, als Ihr uns heut auf diesen Wegen erblicket.
30 Noch nicht bin ich gewohnt, von Fremden die Gabe zu heischen,
Die er oft ungern giebt, um los zu werden den Armen:
Aber mich dränget die Not zu reden.  Hier auf dem Strohe
Liegt die erst entbundene Frau des reichen Besitzers,
Die ich mit Stieren und Wagen noch kaum, die Schwangre, gerettet.
Spät nur kommen wir nach, und kaum das Leben erhielt sie.
Nun liegt, neugeboren, das Kind ihr nackend im Arme,
Und mit wenigem nur vermögen die Unsern zu helfen,
Wenn wir im nächsten Dorf, wo wir heute zu rasten gedenken,
Auch sie finden, wiewohl ich fürchte, sie sind schon vorüber.
40 Wär' Euch irgend von Leinwand nur was Entbehrliches, wenn Ihr
Hier aus der Nachbarschaft seid, so spendet's gütig den Armen.
    „Also sprach sie, und matt erhob sich vom Strohe die bleiche
Wöchnerin, schaute nach mir; ich aber sagte dagegen:
Guten Menschen, fürwahr, spricht oft ein himmlischer Geist zu,
Daß sie fühlen die Not, die dem armen Bruder bevorsteht:
Denn so gab mir die Mutter im Vorgefühle von Eurem
Jammer ein Bündel, sogleich es der nackten Notdurft zu reichen.
Und ich löste die Knoten der Schnur und gab ihr den Schlafrock
Unsers Vaters dahin und gab ihr Hemden und Leintuch.
50 Und sie dankte mit Freuden, und rief: Der Glückliche glaubt nicht,
Daß noch Wunder geschehn: denn nur im Elend erkennt man

Gottes Hand und Finger, der gute Menschen zum Guten
Leitet. Was er durch Euch an uns thut, thu' er Euch selber.
Und ich sah die Wöchnerin froh die verschiedene Leinwand,
Aber besonders den weichen Flanell des Schlafrocks befühlen.
Eilen wir, sagte zu ihr die Jungfrau, dem Dorf zu, in welchem
Unsre Gemeine schon rastet und diese Nacht durch sich aufhält:
Dort besorg' ich sogleich das Kinderzeug, alles und jedes.
Und sie grüßte mich noch und sprach den herzlichsten Dank aus,
60 Trieb die Ochsen: da ging der Wagen. Ich aber verweilte,
Hielt die Pferde noch an: denn Zwiespalt war mir im Herzen,
Ob ich mit eilenden Rossen das Dorf erreichte, die Speisen
Unter das übrige Volk zu spenden, oder sogleich hier
Alles dem Mädchen gäbe, damit sie es weislich verteilte.
Und ich entschied mich gleich in meinem Herzen und fuhr ihr
Sachte nach und erreichte sie bald und sagte behende:
Gutes Mädchen, mir hat die Mutter nicht Leinwand alleine
Auf den Wagen gegeben, damit ich den Nackten bekleide,
Sondern sie fügte dazu noch Speis' und manches Getränke,
70 Und es ist mir genug davon im Kasten des Wagens.
Nun bin ich aber geneigt, auch diese Gaben in deine
Hand zu legen, und so erfüll' ich am besten den Auftrag:
Du verteilst sie mit Sinn, ich müßte dem Zufall gehorchen.
Drauf versetzte das Mädchen: Mit aller Treue verwend' ich
Eure Gaben: der Dürftige soll sich derselben erfreuen.
Also sprach sie. Ich öffnete schnell die Kasten des Wagens,
Brachte die Schinken hervor, die schweren, brachte die Brote,
Flaschen Weines und Biers und reicht' ihr alles und jedes.
Gerne hätt' ich noch mehr ihr gegeben: doch leer war der Kasten.
80 Alles packte sie drauf zu der Wöchnerin Füßen und zog so
Weiter: ich eilte zurück mit meinen Pferden der Stadt zu."
    Als nun Hermann geendet, da nahm der gesprächige Nachbar
Gleich das Wort und rief: „O glücklich, wer in den Tagen
Dieser Flucht und Verwirrung in seinem Haus nur allein lebt,
Wem nicht Frau und Kinder zur Seite bange sich schmiegen!
Glücklich fühl' ich mich jetzt: ich möcht' um vieles nicht heute
Vater heißen und nicht für Frau und Kinder besorgt sein.
Öfters dacht' ich mir auch schon die Flucht und habe die besten
Sachen zusammengepackt, das alte Geld und die Ketten
90 Meiner seligen Mutter, wovon noch nichts verkauft ist.
Freilich bliebe noch vieles zurück, das so leicht nicht geschafft wird

Selbst die Kräuter und Wurzeln, mit vielem Fleiße gesammelt,
Mißt' ich ungern, wenn auch der Wert der Ware nicht groß ist.
Bleibt der Provisor zurück, so geh' ich getröstet von Hause.
Hab' ich die Barschaft gerettet und meinen Körper, so hab' ich
Alles gerettet: der einzelne Mann entfliehet am leichtsten."
      „Nachbar", versetzte darauf der junge Hermann mit Nachdruck,
„Keinesweges denk' ich wie Ihr und table die Rede.
Ist wohl der ein würdiger Mann, der im Glück und im Unglück
100 Sich nur allein bedenkt und Leiden und Freuden zu teilen
Nicht verstehet und nicht dazu von Herzen bewegt wird?
Lieber möcht' ich als je mich heute zur Heirat entschließen:
Denn manch gutes Mädchen bedarf des schützenden Mannes,
Und der Mann des erheiternden Weibs, wenn ihm Unglück bevorsteht."
      Lächelnd sagte darauf der Vater: „So hör' ich dich gerne!
Solch ein vernünftiges Wort hast du mir selten gesprochen."
      Aber es fiel sogleich die gute Mutter behend ein:
„Sohn, fürwahr! du hast recht: wir Eltern gaben das Beispiel.
Denn wir haben uns nicht an fröhlichen Tagen erwählet,
110 Und uns knüpfte vielmehr die traurigste Stunde zusammen.
Montag morgens — ich weiß es genau: denn tages vorher war
Jener schreckliche Brand, der unser Städtchen verzehrte —
Zwanzig Jahre sind's nun: es war ein Sonntag wie heute,
Heiß und trocken die Zeit und wenig Wasser im Orte.
Alle Leute waren, spazierend in festlichen Kleidern,
Auf den Dörfern verteilt und in den Schenken und Mühlen.
Und am Ende der Stadt begann das Feuer. Der Brand lief
Eilig die Straßen hindurch, erzeugend sich selber den Zugwind.
Und es brannten die Scheunen der reichgesammelten Ernte,
120 Und es brannten die Straßen bis zu dem Markt, und das Haus war
Meines Vaters hierneben verzehrt und dieses zugleich mit.
Wenig flüchteten wir. Ich saß die traurige Nacht durch
Vor der Stadt auf dem Anger, die Kasten und Betten bewahrend;
Doch zuletzt befiel mich der Schlaf, und als nun des Morgens
L:'ch die Kühlung erweckte, die vor der Sonne herabfällt,
Sah ich den Rauch und die Glut und die hohlen Mauern und Essen.
Da war beklemmt mein Herz; allein die Sonne ging wieder
Herrlicher auf als je und flößte mir Mut in die Seele.
Da erhob ich mich eilends. Es trieb mich die Stätte zu sehen,
130 Wo die Wohnung gestanden, und ob sich die Hühner gerettet,
Die ich besonders geliebt: denn kindisch war mein Gemüt noch.

Als ich nun über die Trümmer des Hauses und Hofes daherſtieg,
Die noch rauchten, und ſo die Wohnung wüſt und zerſtört ſah,
Kamſt du zur andern Seite herauf und durchſuchteſt die Stätte.
Dir war ein Pferd in dem Stalle verſchüttet; die glimmenden Balken
Lagen darüber und Schutt, und nichts zu ſehn war vom Tiere.
Alſo ſtanden wir gegeneinander, bedenklich und traurig:
Denn die Wand war gefallen, die unſere Höfe geſchieden.
Und du faßteſt darauf mich bei der Hand an und ſagteſt:
140 Lieschen, wie kommſt du hierher? Geh weg! du verbrennſt die Sohlen:
Denn der Schutt iſt heiß, er ſengt mir die ſtärkeren Stiefeln.
Und du hobeſt mich auf und trugſt mich herüber durch deinen
Hof weg. Da ſtand noch das Thor des Hauſes mit ſeinem Gewölbe,
Wie es jetzt ſteht: es war allein von allem geblieben.
Und du ſetzteſt mich nieder und küßteſt mich, und ich verwehrt' es.
Aber du ſagteſt darauf mit freundlich bedeutenden Worten:
Siehe, das Haus liegt nieder. Bleib hier und hilf mir es bauen,
Und ich helfe dagegen auch deinem Vater an ſeinem.
Doch ich verſtand dich nicht, bis du zum Vater die Mutter
150 Schickteſt und ſchnell das Gelübde der fröhlichen Ehe vollbracht war.
Noch erinnr' ich mich heute des halbverbrannten Gebälkes
Freudig und ſehe die Sonne noch immer ſo herrlich heraufgehn:
Denn mir gab der Tag den Gemahl, es haben die erſten
Zeiten der wilden Zerſtörung den Sohn mir der Jugend gegeben.
Darum lob' ich dich, Hermann, daß du mit reinem Vertrauen
Auch ein Mädchen dir denkſt in dieſen traurigen Zeiten,
Und es wagteſt zu frein im Krieg und über den Trümmern."
      Da verſetzte ſogleich der Vater lebhaft und ſagte:
„Die Geſinnung iſt löblich, und wahr iſt auch die Geſchichte,
160 Mütterchen, die du erzählſt: denn ſo iſt alles begegnet.
Aber beſſer iſt beſſer. Nicht einen jeden betrifft es,
Anzufangen von vorn ſein ganzes Leben und Weſen:
Nicht ſoll jeder ſich quälen, wie wir und andere thaten.
O, wie glücklich iſt der, dem Vater und Mutter das Haus ſchon
Wohlbeſtellt übergeben, und der mit Gedeihen es ausziert!
Aller Anfang iſt ſchwer, am ſchwerſten der Anfang der Wirtſchaft.
Mancherlei Dinge bedarf der Menſch, und alles wird täglich
Teurer: da ſeh' er ſich vor, des Geldes mehr zu erwerben.
Und ſo hoff' ich von dir, mein Hermann, daß du mir nächſtens
170 In das Haus die Braut mit ſchöner Mitgift hereinführſt:
Denn ein wackerer Mann verdient ein begütertes Mädchen,

Und es behaget so wohl, wenn mit dem gewünscheten Weibchen
Auch in Körben und Kasten die nützliche Gabe hereinkommt.
Nicht umsonst bereitet durch manche Jahre die Mutter
Viele Leinwand der Tochter von feinem und starkem Gewebe;
Nicht umsonst verehren die Paten ihr Silbergeräte,
Und der Vater sondert im Pulte das seltene Goldstück:
Denn sie soll dereinst mit ihren Gütern und Gaben
Jenen Jüngling erfreun, der sie vor allen erwählt hat.
180 Ja, ich weiß, wie behaglich ein Weibchen im Hause sich findet,
Das ihr eignes Gerät in Küch' und Zimmern erkennet,
Und das Bette sich selbst und den Tisch sich selber gedeckt hat.
Nur wohl ausgestattet möcht' ich im Hause die Braut sehn:
Denn die Arme wird doch nur zuletzt vom Manne verachtet,
Und er hält sie als Magd, die als Magd mit dem Bündel hereinkam —
Ungerecht bleiben die Männer, die Zeiten der Liebe vergehen.
Ja, mein Hermann, du würdest mein Alter höchlich erfreuen,
Wenn du mir bald ins Haus ein Schwiegertöchterchen brächtest
Aus der Nachbarschaft her, aus jenem Hause, dem grünen.
190 Reich ist der Mann fürwahr, sein Handel und seine Fabriken
Machen ihn täglich reicher: denn wo gewinnt nicht der Kaufmann?
Nur drei Töchter sind da: sie teilen allein das Vermögen.
Schon ist die ältste bestimmt, ich weiß es; aber die zweite,
Wie die dritte sind noch, und vielleicht nicht lange, zu haben.
Wär' ich an deiner Statt, ich hätte bis jetzt nicht gezaudert,
Eins mir der Mädchen geholt, so wie ich das Mütterchen forttrug."
      Da versetzte der Sohn bescheiden dem dringenden Vater:
„Wirklich, mein Wille war auch, wie Eurer, eine der Töchter
Unsers Nachbars zu wählen.   Wir sind zusammen erzogen,
200 Spielten neben dem Brunnen am Markt in früheren Zeiten,
Und ich habe sie oft vor der Knaben Wildheit beschützet.
Doch das ist lange schon her: es bleiben die wachsenden Mädchen
Endlich billig zu Haus und fliehn die wilderen Spiele.
Wohlgezogen sind sie gewiß! Ich ging auch zuzeiten
Noch aus alter Bekanntschaft, so wie Ihr es wünschtet, hinüber:
Aber ich konnte mich nie in ihrem Umgang erfreuen.
Denn sie tadelten stets an mir, das mußt' ich ertragen:
Gar zu lang war mein Rock, zu grob das Tuch und die Farbe
210 Gar zu gemein, und die Haare nicht recht gestutzt und gekräuselt.
Endlich hatt' ich im Sinne, mich auch zu putzen wie jene
Handelsbübchen, die stets am Sonntag drüben sich zeigen.

Und um die, halbſeiden, im Sommer das Läppchen herumhängt.
Aber noch früh genug merkt' ich, ſie hatten mich immer zum beſten,
Und das war mir empfindlich, mein Stolz war beleidigt; doch
　　　　　　　　　　　　　　　　　　　　　　　mehr noch
Kränkte mich's tief, daß ſo ſie den guten Willen verkannten,
Den ich gegen ſie hegte, beſonders Minchen, die jüngſte.
Denn ſo war ich zuletzt an Oſtern hinübergegangen,
Hatte den neuen Rock, der jetzt nur oben im Schrank hängt,
Angezogen und war friſiert wie die übrigen Burſche.
220 Als ich eintrat, kicherten ſie; doch zog ich's auf mich nicht.
Minchen ſaß am Klavier; es war der Vater zugegen,
Hörte die Töchterchen ſingen und war entzückt und in Laune.
Manches verſtand ich nicht, was in den Liedern geſagt war;
Aber ich hörte viel von Pamina, viel von Tamino,
Und ich wollte doch auch nicht ſtumm ſein! Sobald ſie geendet,
Fragt' ich dem Texte nach und nach den beiden Perſonen.
Alle ſchwiegen darauf und lächelten; aber der Vater
Sagte: Nicht wahr, mein Freund, Er kennt nur Adam und Eva?
Niemand hielt ſich alsdann, und laut auf lachten die Mädchen,
230 Laut auf lachten die Knaben, es hielt den Bauch ſich der Alte.
Fallen ließ ich den Hut vor Verlegenheit, und das Gekicher
Dauerte fort und fort, ſo viel ſie auch ſangen und ſpielten.
Und ich eilte beſchämt und verdrießlich wieder nach Hauſe,
Hängte den Rock in den Schrank uud zog die Haare herunter
Mit den Fingern und ſchwur nicht mehr zu betreten die Schwelle.
Und ich hatte wohl recht: denn eitel ſind ſie und lieblos,
Und ich höre, noch heiß' ich bei ihnen immer Tamino."
　　Da verſetzte die Mutter: „Du ſollteſt, Hermann, ſo lange
Mit den Kindern nicht zürnen: denn Kinder ſind ſie ja ſämtlich.
240 Minchen fürwahr iſt gut und war dir immer gewogen:
Neulich fragte ſie noch nach dir. Die ſollteſt du wählen!"
　　Da verſetzte bedenklich der Sohn: „Ich weiß nicht, es prägte
Jener Verdruß ſich ſo tief bei mir ein, ich möchte fürwahr nicht
Sie am Klaviere mehr ſehn und ihre Liedchen vernehmen."
　　Doch der Vater fuhr auf und ſprach die zornigen Worte:
„Wenig Freud' erleb' ich an dir! Ich ſagt' es doch immer,
Als du zu Pferden nur und Luſt nur bezeigteſt zum Acker:
Was ein Knecht ſchon verrichtet des wohlbegüterten Mannes,
Thuſt du; indeſſen muß der Vater des Sohnes entbehren,
250 Der ihm zur Ehre doch auch vor andern Bürgern ſich zeigte!

Und so täuschte mich früh mit leerer Hoffnung die Mutter,
Wenn in der Schule das Lesen und Schreiben und Lernen dir niemals
Wie den andern gelang und du immer der Unterste faßest.
Freilich! das kommt daher, wenn Ehrgefühl nicht im Busen
Eines Jünglings lebt, und wenn er nicht höher hinauf will!
Hätte mein Vater gesorgt für mich, so wie ich für dich that,
Mich zur Schule gesendet und mir die Lehrer gehalten,
Ja, ich wäre was anders als Wirt zum goldenen Löwen!"
    Aber der Sohn stand auf und nahte sich schweigend der Thüre,
260 Langsam und ohne Geräusch; allein der Vater, entrüstet,
Rief ihm nach: "So gehe nur hin! Ich kenne den Trotzkopf!
Geh und führe fortan die Wirtschaft, daß ich nicht schelte:
Aber denke nur nicht, du wollest ein bäurisches Mädchen
Je mir bringen ins Haus als Schwiegertochter, die Trulle!
Lange hab' ich gelebt und weiß mit Menschen zu handeln,
Weiß zu bewirten die Herren und Frauen, daß sie zufrieden
Von mir weggehn; ich weiß den Fremden gefällig zu schmeicheln:
Aber so soll mir denn auch ein Schwiegertöchterchen endlich
Wiederbegegnen und so mir die viele Mühe versüßen!
270 Spielen soll sie mir auch das Klavier: es sollen die schönsten,
Besten Leute der Stadt sich mit Vergnügen versammeln,
Wie es Sonntags geschieht im Hause des Nachbars!"   Da drückte
Leise der Sohn auf die Klinke, und so verließ er die Stube.

## Thalia.

### Die Bürger.

    Also entwich der bescheidene Sohn der heftigen Rede;
Aber der Vater fuhr in der Art fort, wie er begonnen:
"Was im Menschen nicht ist, kommt auch nicht aus ihm, und schwerlich
Wird mich des herzlichsten Wunsches Erfüllung jemals erfreuen,
Daß der Sohn dem Vater nicht gleich sei, sondern ein Beßrer.
Denn was wäre das Haus, was wäre die Stadt, wenn nicht immer
Jeder gedächte mit Lust zu erhalten und zu erneuen,
Und zu verbessern auch, wie die Zeit uns lehrt und das Ausland!
Soll doch nicht als ein Pilz der Mensch dem Boden entwachsen
10 Und verfaulen geschwind an dem Platze, der ihn erzeugt hat,
Keine Spur nachlassend von seiner lebendigen Wirkung!
Sieht man am Hause doch gleich so deutlich, wes Sinnes der Herr sei,
Wie man, das Städtchen betretend, die Obrigkeiten beurteilt.

Denn wo die Türme verfallen und Mauern, wo in den Gräben
Unrat sich häufet und Unrat auf allen Gassen herumliegt,
Wo der Stein aus der Fuge sich rückt und nicht wieder gesetzt wird,
Wo der Balken verfault und das Haus vergeblich die neue
Unterstützung erwartet: der Ort ist übel regieret.
Denn wo nicht immer von oben die Ordnung und Reinlichkeit wirket,
20 Da gewöhnet sich leicht der Bürger zu schmutzigem Saumsal,
Wie der Bettler sich auch an lumpige Kleider gewöhnet.
Darum hab' ich gewünscht, es solle sich Hermann auf Reisen
Bald begeben und sehn zum wenigsten Straßburg und Frankfurt,
Und das freundliche Mannheim, das gleich und heiter gebaut ist.
Denn wer die Städte gesehn, die großen und reinlichen, ruht nicht,
Künftig die Vaterstadt selbst, so klein sie auch sei, zu verzieren.
Lobt nicht der Fremde bei uns die ausgebesserten Thore
Und den geweißten Turm und die wohlerneuerte Kirche?
Rühmt nicht jeder das Pflaster, die wasserreichen, verdeckten,
30 Wohlverteilten Kanäle, die Nutzen und Sicherheit bringen,
Daß dem Feuer sogleich beim ersten Ausbruch gewehrt sei?
Ist das nicht alles geschehn seit jenem schrecklichen Brande?
Bauherr war ich sechsmal im Rat und habe mir Beifall,
Habe mir herzlichen Dank von guten Bürgern verdienet,
Was ich angab, emsig betrieben und so auch die Anstalt
Redlicher Männer vollführt, die sie unvollendet verließen.
So kam endlich die Lust in jedes Mitglied des Rates.
Alle bestreben sich jetzt, und schon ist der neue Chausseebau
Fest beschlossen, der uns mit der großen Straße verbindet.
40 Aber ich fürchte nur sehr, so wird die Jugend nicht handeln!
Denn die einen, sie denken auf Lust und vergänglichen Putz nur;
Andere hocken zu Haus und brüten hinter dem Ofen.
Und das fürcht' ich, ein solcher wird Hermann immer mir bleiben."
    Und es versetzte sogleich die gute, verständige Mutter:
"Immer bist du doch, Vater, so ungerecht gegen den Sohn, und
So wird am wenigsten dir dein Wunsch des Guten erfüllet!
Denn wir können die Kinder nach unserem Sinne nicht formen:
So wie Gott sie uns gab, so muß man sie haben und lieben,
Sie erziehen aufs beste und jeglichen lassen gewähren.
50 Denn der eine hat die, die anderen andere Gaben:
Jeder braucht sie, und jeder ist doch nur auf eigene Weise
Gut und glücklich. Ich lasse mir meinen Hermann nicht schelten:
Denn, ich weiß es, er ist der Güter, die er dereinst erbt,

Wert und ein trefflicher Wirt, ein Muster Bürgern und Bauern,
Und im Rate gewiß, ich seh' es voraus, nicht der letzte.
Aber täglich mit Schelten und Tadeln hemmst du dem Armen
Allen Mut in der Brust, so wie du es heute gethan hast."
Und sie verließ die Stube sogleich und eilte dem Sohne nach,
Daß sie ihn irgendwo fänd' und ihn mit gütigen Worten
60 Wieder erfreute: denn er, der treffliche Sohn, er verdient' es.

    Lächelnd sagte darauf, sobald sie hinweg war, der Vater:
"Sind doch ein wunderlich Volk die Weiber, so wie die Kinder!
Jedes lebet so gern nach seinem eignen Belieben,
Und man sollte hernach nur immer loben und streicheln.
Einmal für allemal gilt das wahre Sprüchlein der Alten:
Wer nicht vorwärts geht, der kommt zurücke! So bleibt es."

    Und es versetzte darauf der Apotheker bedächtig:
"Gerne geb' ich es zu, Herr Nachbar, und sehe mich immer
Selbst nach dem Besseren um, wofern es nicht teuer, doch neu ist:
70 Aber hilft es fürwahr, wenn man nicht die Fülle des Gelds hat,
Thätig und rührig zu sein und innen und außen zu bessern?
Nur zu sehr ist der Bürger beschränkt: das Gute vermag er
Nicht zu erlangen, wenn er es kennt. Zu schwach ist sein Beutel,
Das Bedürfnis zu groß: so wird er immer gehindert.
Manches hätt' ich gethan: allein wer scheut nicht die Kosten
Solcher Veränderung, besonders in diesen gefährlichen Zeiten!
Lange lachte mir schon mein Haus im modischen Kleidchen,
Lange glänzten durchaus mit großen Scheiben die Fenster:
Aber wer thut dem Kaufmann es nach, der bei seinem Vermögen
80 Auch die Wege noch kennt, auf welchen das Beste zu haben?
Seht nur das Haus an da drüben, das neue! Wie prächtig in grünen
Feldern die Stuckatur der weißen Schnörkel sich ausnimmt!
Groß sind die Tafeln der Fenster: wie glänzen und spiegeln die
                                      Scheiben,
Daß verdunkelt stehn die übrigen Häuser des Marktes!
Und doch waren die unsern gleich nach dem Brande die schönsten,
Die Apotheke zum Engel so wie der Goldene Löwe.
So war mein Garten auch in der ganzen Gegend berühmt, und
Jeder Reisende stand und sah durch die roten Staketen
Nach den Bettlern von Stein und nach den farbigen Zwergen.
90 Wem ich den Kaffee dann gar in dem herrlichen Grottenwerk reichte,
Das nun freilich verstaubt und halb verfallen mir dasteht,
Der erfreute sich hoch des farbig schimmernden Lichtes

Schöngeordneter Muſcheln, und mit geblendetem Auge
Schaute der Kenner ſelbſt den Bleiglanz und die Korallen.
Ebenſo ward in dem Saale die Malerei auch bewundert,
Wo die gepuzten Herren und Damen im Garten ſpazieren
Und mit ſpizigen Fingern die Blumen reichen und halten.
Ja, wer ſähe das jezt nur noch an! Ich gehe verdrießlich
Kaum mehr hinaus: denn alles ſoll anders ſein und geſchmackvoll,
100 Wie ſie's heißen, und weiß die Latten und hölzernen Bänke.
Alles iſt einfach und glatt: nicht Schnizwerk oder Vergoldung
Will man mehr, und es koſtet das fremde Holz nun am meiſten.
Nun, ich wär' es zufrieden, mir auch was Neues zu ſchaffen,
Auch zu gehn mit der Zeit und oft zu verändern den Hausrat:
Aber es fürchtet ſich jeder, auch nur zu rücken das Kleinſte.
Denn wer vermöchte wohl jezt die Arbeitsleute zu zahlen?
Neulich kam mir's in Sinn, den Engel Michael wieder,
Der mir die Offizin bezeichnet, vergolden zu laſſen,
Und den greulichen Drachen, der ihm zu Füßen ſich windet:
110 Aber ich ließ ihn verbräunt, wie er iſt — mich ſchreckte die Fordrung."

## Euterpe.

### Mutter und Sohn.

Alſo ſprachen die Männer ſich unterhaltend. Die Mutter
Ging indeſſen, den Sohn erſt vor dem Hauſe zu ſuchen
Auf der ſteinernen Bank, wo ſein gewöhnlicher Siz war.
Als ſie daſelbſt ihn nicht fand, ſo ging ſie, im Stalle zu ſchauen,
Ob er die herrlichen Pferde, die Hengſte, ſelber beſorgte,
Die er als Fohlen gekauft und die er niemand vertraute.
Und es ſagte der Knecht: „Er iſt in den Garten gegangen".
Da durchſchritt ſie behende die langen doppelten Höfe,
Ließ die Ställe zurück und die wohlgezimmerten Scheunen,
10 Trat in den Garten, der weit bis an die Mauern des Städtchens
Reichte, ſchritt ihn hindurch und freute ſich jeglichen Wachstums,
Stellte die Stüzen zurecht, auf denen beladen die Äſte
Ruhten des Apfelbaums wie des Birnbaums laſtende Zweige,
Nahm gleich einige Raupen vom kräftig ſtrozenden Kohl weg:
Denn ein geſchäftiges Weib thut keine Schritte vergebens.
Alſo war ſie ans Ende des langen Gartens gekommen,
Bis zur Laube mit Geisblatt bedeckt: nicht fand ſie den Sohn da,
Ebenſowenig als ſie bis jezt ihn im Garten erblickte.

3*

Aber nur angelehnt war das Pförtchen, das aus der Laube,
20 Aus besonderer Gunst, durch die Mauer des Städtchens gebrochen
Hatte der Ahnherr einst, der würdige Burgemeister.
Und so ging sie bequem den trocknen Graben hinüber,
Wo an der Straße sogleich der wohlumzäunete Weinberg
Aufstieg steileren Pfads, die Fläche zur Sonne gekehret.
Auch den schritt sie hinauf und freute der Fülle der Trauben
Sich im Steigen, die kaum sich unter den Blättern verbargen.
Schattig war und bedeckt der hohe mittlere Laubgang,
Den man auf Stufen erstieg von unbehauenen Platten.
Und es hingen herein Gutedel und Muskateller,
30 Rötlich blaue daneben von ganz besonderer Größe,
Alle mit Fleiße gepflanzt, der Gäste Nachtisch zu zieren.
Aber den übrigen Berg bedeckten einzelne Stöcke,
Kleinere Trauben tragend, von denen der köstliche Wein kommt.
Also schritt sie hinauf, sich schon des Herbstes erfreuend
Und des festlichen Tags, an dem die Gegend im Jubel
Trauben lieset und tritt und den Most in die Fässer versammelt,
Feuerwerke des Abends von allen Orten und Enden
Leuchten und knallen und so der Ernten schönste geehrt wird.
Doch unruhiger ging sie, nachdem sie dem Sohne gerufen
40 Zwei- auch dreimal und nur das Echo vielfach zurückkam,
Das von den Türmen der Stadt, ein sehr geschwätziges, herklang.
Ihn zu suchen war ihr so fremd: er entfernte sich niemals
Weit, er sagt' es ihr denn, um zu verhüten die Sorge
Seiner liebenden Mutter und ihre Furcht vor dem Unfall.
Aber sie hoffte noch stets, ihn doch auf dem Wege zu finden:
Denn die Thüren, die untre so wie die obre des Weinbergs,
Standen gleichfalls offen. Und so nun trat sie ins Feld ein,
Das mit weiter Fläche den Rücken des Hügels bedeckte.
Immer noch wandelte sie auf eigenem Boden und freute
50 Sich der eigenen Saat und des herrlich nickenden Kornes,
Das mit goldener Kraft sich im ganzen Felde bewegte.
Zwischen den Äckern schritt sie hindurch auf dem Raine den Fußpfad,
Hatte den Birnbaum im Auge, den großen, der auf dem Hügel
Stand, die Grenze der Felder, die ihrem Hause gehörten.
Wer ihn gepflanzt, man konnt' es nicht wissen: er war in der Gegend
Weit und breit gesehn, und berühmt die Früchte des Baumes.
Unter ihm pflegten die Schnitter des Mahls sich zu freuen am Mittag
Und die Hirten des Viehs in seinem Schatten zu warten:

Bänke fanden ſie da von rohen Steinen und Raſen.
60 Und ſie irrte nicht: dort ſaß ihr Hermann und ruhte,
Saß mit dem Arme geſtützt und ſchien in die Gegend zu ſchauen
Jenſeits nach dem Gebirg; er kehrte der Mutter den Rücken.
Sachte ſchlich ſie hinan und rührt' ihm leiſe die Schulter.
Und er wandte ſich ſchnell: da ſah ſie ihm Thränen im Auge.
„Mutter", ſagt' er betroffen, „Ihr überraſcht mich!" Und eilig
Trocknet' er ab die Thräne, der Jüngling edlen Gefühles.
„Wie? du weineſt, mein Sohn?" verſetzte die Mutter betroffen;
„Daran kenn' ich dich nicht! Ich habe das niemals erfahren!
Sag, was beklemmt dir das Herz? Was treibt dich einſam zu ſitzen
70 Unter dem Birnbaum hier? Was bringt dir Thränen ins Auge?"
Und es nahm ſich zuſammen der treffliche Jüngling und ſagte:
„Wahrlich, dem iſt kein Herz im ehernen Buſen, der jetzo
Nicht die Not der Menſchen, der umgetriebnen, empfindet;
Dem iſt kein Sinn in dem Haupte, der nicht um ſein eigenes Wohl ſich
Und um des Vaterlands Wohl in dieſen Tagen bekümmert.
Was ich heute geſehn und gehört, das rührte das Herz mir;
Und nun ging ich heraus und ſah die herrliche, weite
Landſchaft, die ſich vor uns in fruchtbaren Hügeln umherſchlingt,
Sah die goldene Frucht den Garben entgegen ſich neigen,
80 Und ein reichliches Obſt uns volle Kammern verſprechen.
Aber, ach! wie nah iſt der Feind! Die Fluten des Rheines
Schützen uns zwar: doch ach! was ſind nun Fluten und Berge
Jenem ſchrecklichen Volke, das wie ein Gewitter daherzieht!
Denn ſie rufen zuſammen aus allen Enden die Jugend
Wie das Alter und bringen gewaltig vor, und die Menge
Scheut den Tod nicht: es bringt gleich nach der Menge die Menge.
Ach! und ein Deutſcher wagt in ſeinem Hauſe zu bleiben?
Hofft vielleicht zu entgehen dem alles bedrohenden Unfall?
Liebe Mutter, ich ſag' Euch, am heutigen Tage verdrießt mich,
90 Daß man mich neulich entſchuldigt, als man die Streitenden auslas
Aus den Bürgern. Fürwahr, ich bin der einzige Sohn nur,
Und die Wirtſchaft iſt groß, und wichtig unſer Gewerbe:
Aber wär' ich nicht beſſer zu widerſtehen da vorne
An der Grenze, als hier zu erwarten Elend und Knechtſchaft?
Ja, mir hat es der Geiſt geſagt, und im innerſten Buſen
Regt ſich Mut und Begier, dem Vaterlande zu leben
Und zu ſterben und andern ein würdiges Beiſpiel zu geben.
Wahrlich, wäre die Kraft der deutſchen Jugend beiſammen

An der Grenze, verbündet, nicht nachzugeben den Fremden,
100 O, sie sollten uns nicht den herrlichen Boden betreten
Und vor unseren Augen die Früchte des Landes verzehren,
Nicht den Männern gebieten und rauben Weiber und Mädchen!
Sehet, Mutter, mir ist im tiefsten Herzen beschlossen,
Bald zu thun und gleich, was recht mir deucht und verständig:
Denn wer lange bedenkt, der wählt nicht immer das Beste.
Sehet, ich werde nicht wieder nach Hause kehren! Von hier aus
Geh' ich gerad' in die Stadt und übergebe den Kriegern
Diesen Arm und dies Herz, dem Vaterlande zu dienen.
Sage der Vater alsdann, ob nicht der Ehre Gefühl mir
110 Auch den Busen belebt, und ob ich nicht höher hinauf will!"
    Da versetzte bedeutend die gute verständige Mutter,
Stille Thränen vergießend, sie kamen ihr leichtlich ins Auge:
„Sohn, was hat sich in dir verändert und deinem Gemüte,
Daß du zu deiner Mutter nicht redest wie gestern und immer,
Offen und frei, und sagst, was deinen Wünschen gemäß ist?
Hörte jetzt ein Dritter dich reden, er würde fürwahr dich
Höchlich loben und deinen Entschluß als den edelsten preisen,
Durch dein Wort verführt und deine bedeutenden Reden.
Doch ich table dich nur: denn sieh, ich kenne dich besser.
120 Du verbirgst dein Herz und hast ganz andre Gedanken.
Denn ich weiß es, dich ruft nicht die Trommel, nicht die Trompete,
Nicht begehrst du zu scheinen in der Montur vor den Mädchen:
Denn es ist deine Bestimmung, so wacker und brav du auch sonst bist,
Wohl zu verwahren das Haus und stille das Feld zu besorgen.
Darum sage mir frei: was bringt dich zu dieser Entschließung?"
    Ernsthaft sagte der Sohn: „Ihr irret, Mutter. Ein Tag ist
Nicht dem anderen gleich. Der Jüngling reifet zum Manne:
Besser im stillen reift er zur That oft als im Geräusche
Wilden, schwankenden Lebens, das manchen Jüngling verderbt hat.
130 Und so still ich auch bin und war, so hat in der Brust mir
Doch sich gebildet ein Herz, das Unrecht hasset und Unbill,
Und ich verstehe recht gut, die weltlichen Dinge zu sondern;
Auch hat die Arbeit den Arm und die Füße mächtig gestärket.
Alles, fühl' ich, ist wahr: ich darf es kühnlich behaupten.
Und doch tadelt Ihr mich mit Recht, o Mutter, und habt mich
Auf halbwahren Worten ertappt und halber Verstellung.
Denn, gesteh' ich es nur, nicht ruft die nahe Gefahr mich
Aus dem Hause des Vaters, und nicht der hohe Gedanke,

Meinem Vaterland hilfreich zu sein und schrecklich den Feinden.
140 Worte waren es nur, die ich sprach: sie sollten vor Euch nur
Meine Gefühle verstecken, die mir das Herz zerreißen.
Und so laßt mich, o Mutter! Denn da ich vergebliche Wünsche
Hege im Busen, so mag auch mein Leben vergeblich dahingehn.
Denn ich weiß es recht wohl: der einzelne schadet sich selber,
Der sich hingiebt, wenn sich nicht alle zum Ganzen bestreben."
  „Fahre nur fort", so sagte darauf die verständige Mutter,
„Alles mir zu erzählen, das Größte wie das Geringste!
Denn die Männer sind heftig und denken nur immer das Letzte,
Und die Hindernis treibt die Heftigen leicht von dem Wege:
150 Aber ein Weib ist geschickt auf Mittel zu denken, und wandelt
Auch den Umweg, geschickt zu ihrem Zweck zu gelangen.
Sage mir alles daher, warum du so heftig bewegt bist,
Wie ich dich niemals gesehn, und das Blut dir wallt in den Adern,
Wider Willen die Thräne dem Auge sich bringt zu entstürzen."
  Da überließ sich dem Schmerze der gute Jüngling und weinte,
Weinte laut an der Brust der Mutter und sprach so erweichet:
„Wahrlich! des Vaters Wort hat heute mich kränkend getroffen,
Das ich niemals verdienet, nicht heut und keinen der Tage:
Denn die Eltern zu ehren war früh mein Liebstes, und niemand
160 Schien mir klüger zu sein und weiser als die mich erzeugten
Und mit Ernst mir in dunkeler Zeit der Kindheit geboten.
Vieles hab' ich fürwahr von meinen Gespielen geduldet,
Wenn sie mit Tücke mir oftmals den guten Willen vergalten;
Oftmals hab' ich an ihnen nicht Wurf noch Streiche gerochen:
Aber spotteten sie mir den Vater aus, wenn er Sonntags
Aus der Kirche kam mit würdig bedächtigem Schritte,
Lachten sie über das Band der Mütze, die Blumen des Schlafrocks,
Den er so stattlich trug und der erst heute verschenkt ward:
Fürchterlich ballte sich gleich die Faust mir; mit grimmigem Wüten
170 Fiel ich sie an und schlug und traf mit blindem Beginnen,
Ohne zu sehen wohin. Sie heulten mit blutigen Nasen
Und entrissen sich kaum den wütenden Tritten und Schlägen.
Und so wuchs ich heran, um viel vom Vater zu dulden,
Der statt anderer mich gar oft mit Worten herum nahm,
Wenn bei Rat ihm Verdruß in der letzten Sitzung erregt ward,
Und ich büßte den Streit und die Ränke seiner Kollegen.
Oftmals habt ihr mich selbst bedauert: denn vieles ertrug ich,
Stets in Gedanken der Eltern von Herzen zu ehrende Wohlthat

Die nur sinnen, für uns zu mehren die Hab' und die Güter,
180 Und sich selber manches entziehn, um zu sparen den Kindern.
Aber, ach! nicht das Sparen allein, um spät zu genießen,
Macht das Glück, es macht nicht das Glück der Haufe beim Haufen,
Nicht der Acker am Acker, so schön sich die Güter auch schließen:
Denn der Vater wird alt, und mit ihm altern die Söhne
Ohne die Freude des Tags und mit der Sorge für morgen.
Sagt mir und schauet hinab, wie herrlich liegen die schönen,
Reichen Gebreite nicht da, und unten Weinberg und Garten,
Dort die Scheunen und Ställe, die schöne Reihe der Güter!
Aber seh' ich dann dort das Hinterhaus, wo an dem Giebel
190 Sich das Fenster uns zeigt von meinem Stübchen im Dache,
Denk' ich die Zeiten zurück, wie manche Nacht ich den Mond schon
Dort erwartet und schon so manchen Morgen die Sonne,
Wenn der gesunde Schlaf mir nur wenige Stunden genügte:
Ach! da kommt mir so einsam vor wie die Kammer der Hof und
Garten das herrliche Feld, das über die Hügel sich hinstreckt:
Alles liegt so öde vor mir — ich entbehre der Gattin!"
   Da antwortete drauf die gute Mutter verständig:
"Sohn, mehr wünschest du nicht, die Braut in die Kammer zu führen,
Daß dir werde die Nacht zur schönen Hälfte des Lebens
200 Und die Arbeit des Tags dir freier und eigener werde,
Als der Vater es wünscht und die Mutter.   Wir haben dir immer
Zugeredet, ja dich getrieben, ein Mädchen zu wählen.
Aber mir ist es bekannt, und jetzo sagt es das Herz mir:
Wenn die Stunde nicht kommt, die rechte, wenn nicht das rechte
Mädchen zur Stunde sich zeigt, so bleibt das Wählen im Weiten,
Und es wirket die Furcht, die falsche zu greifen, am meisten.
Soll ich dir sagen, mein Sohn, so hast du, ich glaube, gewählet:
Denn dein Herz ist getroffen und mehr als gewöhnlich empfindlich.
Sag es gerad' nur heraus, denn mir schon sagt es die Seele:
210 Jenes Mädchen ist's, das vertriebene, die du gewählt hast."
   "Liebe Mutter, Ihr sagt's!" versetzte lebhaft der Sohn drauf.
"Ja, sie ist's! und führ' ich sie nicht als Braut mir nach Hause
Heute noch, ziehet sie fort, verschwindet vielleicht mir auf immer
In der Verwirrung des Kriegs und im traurigen Hin= und Herziehn—
Mutter, ewig umsonst gedeiht mir die reiche Besitzung
Dann vor Augen, umsonst sind künftige Jahre mir fruchtbar!
Ja, das gewohnte Haus und der Garten ist mir zuwider;
Ach! und die Liebe der Mutter, sie selbst nicht tröstet den Armen!

Denn es löset die Liebe, das fühl' ich, jegliche Bande,
220 Wenn sie die ihrigen knüpft; und nicht das Mädchen allein läßt
Vater und Mutter zurück, wenn sie dem erwähleten Mann folgt:
Auch der Jüngling, er weiß nichts mehr von Mutter und Vater,
Wenn er das Mädchen sieht, das einziggeliebte, davonziehn.
Darum lasset mich gehn, wohin die Verzweiflung mich antreibt!
Denn mein Vater, er hat die entscheidenden Worte gesprochen,
Und sein Haus ist nicht mehr das meine, wenn er das Mädchen
Ausschließt, das ich allein nach Haus zu führen begehre."

Da versetzte behend die gute, verständige Mutter:
„Stehen wie Felsen doch zwei Männer gegen einander!
230 Unbewegt und stolz will keiner dem andern sich nähern,
Keiner zum guten Worte, dem ersten, die Zunge bewegen.
Darum sag' ich dir, Sohn: noch lebt die Hoffnung in meinem
Herzen, daß er sie dir, wenn sie gut und brav ist, verlobe,
Obgleich arm, so entschieden er auch die Arme versagt hat.
Denn er redet gar manches in seiner heftigen Art aus,
Das er doch nicht vollbringt: so giebt er auch zu das Versagte.
Aber ein gutes Wort verlangt er und kann es verlangen:
Denn er ist Vater! Auch wissen wir wohl, sein Zorn ist nach Tische,
Wo er heftiger spricht und anderer Gründe bezweifelt,
240 Nie bedeutend: es reget der Wein dann jegliche Kraft auf
Seines heftigen Wollens und läßt ihn die Worte der andern
Nicht vernehmen — er hört und fühlt alleine sich selber.
Aber es kommt der Abend heran, und die vielen Gespräche
Sind nun zwischen ihm und seinen Freunden gewechselt.
Milder ist er fürwahr, ich weiß, wenn das Räuschchen vorbei ist
Und er das Unrecht fühlt, das er andern lebhaft erzeigte.
Komm! Wir wagen es gleich: das Frischgewagte gerät nur!
Und wir bedürfen der Freunde, die jetzo bei ihm noch versammelt
Sitzen; besonders wird uns der würdige Geistliche helfen."
250 Also sprach sie behende und zog, vom Steine sich hebend,
Auch vom Sitze den Sohn, den willig folgenden. Beide
Kamen schweigend herunter, den wichtigen Vorsatz bedenkend.

## Polyhymnia.

### Der Weltbürger.

Aber es saßen die drei noch immer sprechend zusammen,
Mit dem geistlichen Herrn der Apotheker beim Wirte,
Und es war das Gespräch noch immer ebendasselbe,
Das viel hin und her nach allen Seiten geführt ward.
Aber der treffliche Pfarrer versetzte, würdig gesinnt, drauf:
„Widersprechen will ich Euch nicht. Ich weiß es, der Mensch soll
Immer streben zum Bessern; und, wie wir sehen, er strebt auch
Immer dem Höheren nach, zum wenigsten sucht er das Neue.
Aber geht nicht zu weit! Denn neben diesen Gefühlen
10 Gab die Natur uns auch die Lust zu verharren im Alten
Und sich dessen zu freun, was jeder lange gewohnt ist.
Aller Zustand ist gut, der natürlich ist und vernünftig.
Vieles wünscht sich der Mensch, und doch bedarf er nur wenig:
Denn die Tage sind kurz, und beschränkt der Sterblichen Schicksal.
Niemals tadl' ich den Mann, der immer, thätig und rastlos
Umgetrieben, das Meer und alle Straßen der Erde
Kühn und emsig befährt und sich des Gewinnes erfreuet,
Welcher sich reichlich um ihn und um die Seinen herum häuft:
Aber jener ist auch mir wert, der ruhige Bürger,
20 Der sein väterlich Erbe mit stillen Schritten umgehet,
Und die Erde besorgt, so wie es die Stunden gebieten.
Nicht verändert sich ihm in jedem Jahre der Boden,
Nicht streckt eilig der Baum, der neugepflanzte, die Arme
Gegen den Himmel aus, mit reichlichen Blüten gezieret.
Nein, der Mann bedarf der Geduld; er bedarf auch des reinen,
Immer gleichen, ruhigen Sinns und des graden Verstandes.
Denn nur wenige Samen vertraut er der nährenden Erde,
Wenige Tiere nur versteht er mehrend zu ziehen:
Denn das Nützliche bleibt allein sein ganzer Gedanke.
30 Glücklich, wem die Natur ein so gestimmtes Gemüt gab!
Er ernähret uns alle. Und Heil dem Bürger des kleinen
Städtchens, welcher ländlich Gewerb mit Bürgergewerb paart!
Auf ihm liegt nicht der Druck, der ängstlich den Landmann beschränket;
Ihn verwirrt nicht die Sorge der vielbegehrenden Städter,
Die dem Reicheren stets und dem Höheren, wenig vermögend,
Nachzustreben gewohnt sind, besonders die Weiber und Mädchen.

Segnet immer darum des Sohnes ruhig Bemühen
Und die Gattin, die einst er, die gleichgesinnte, sich wählet."
   Also sprach er. Es trat die Mutter zugleich mit dem Sohn ein,
40 Führend ihn bei der Hand und vor den Gatten ihn stellend.
„Vater", sprach sie, „wie oft gedachten wir, untereinander
Schwatzend, des fröhlichen Tags, der kommen würde, wenn künftig
Hermann, seine Braut sich erwählend, uns endlich erfreute!
Hin und wieder dachten wir da; bald dieses, bald jenes
Mädchen bestimmten wir ihm mit elterlichem Geschwätze.
Nun ist er kommen, der Tag; nun hat die Braut ihm der Himmel
Hergeführt und gezeigt, es hat sein Herz nun entschieden.
Sagten wir damals nicht immer, er solle selber sich wählen?
Wünschtest du nicht noch vorhin, er möchte heiter und lebhaft
50 Für ein Mädchen empfinden? Nun ist die Stunde gekommen!
Ja, er hat gefühlt und gewählt und ist männlich entschieden:
Jenes Mädchen ist's, die Fremde, die ihm begegnet.
Gieb sie ihm! Oder er bleibt, so schwur er, im ledigen Stande."
   Und es sagte der Sohn: „Die gebt mir, Vater! Mein Herz hat
Rein und sicher gewählt: Euch ist sie die würdigste Tochter!"
   Aber der Vater schwieg. Da stand der Geistliche schnell auf,
Nahm das Wort und sprach: „Der Augenblick nur entscheidet
Über das Leben des Menschen und über sein ganzes Geschicke:
Denn nach langer Beratung ist doch ein jeder Entschluß nur
60 Werk des Moments, es ergreift doch nur der Verständ'ge das Rechte.
Immer gefährlicher ist's, beim Wählen dieses und jenes
Nebenher zu bedenken und so das Gefühl zu verwirren.
Rein ist Hermann: ich kenn' ihn von Jugend auf; und er streckte
Schon als Knabe die Hände nicht aus nach diesem und jenem.
Was er begehrte, das war ihm gemäß: so hielt er es fest auch.
Seid nicht scheu und verwundert, daß nun auf einmal erscheinet,
Was Ihr so lange gewünscht. Es hat die Erscheinung fürwahr nicht
Jetzt die Gestalt des Wunsches, so wie Ihr ihn etwa geheget.
Denn die Wünsche verhüllen uns selbst das Gewünschte: die Gaben
70 Kommen von oben herab in ihren eignen Gestalten.
Nun verkennet es nicht, das Mädchen, das Eurem geliebten,
Guten, verständigen Sohn zuerst die Seele bewegt hat.
Glücklich ist der, dem sogleich die erste Geliebte die Hand reicht,
Dem der lieblichste Wunsch nicht heimlich im Herzen verschmachtet!
Ja, ich seh' es ihm an, es ist sein Schicksal entschieden:
Wahre Neigung vollendet sogleich zum Manne den Jüngling.

Nicht beweglich ist er; ich fürchte, versagt Ihr ihm dieses,
Gehen die Jahre dahin, die schönsten, in traurigem Leben."
    Da versetzte sogleich der Apotheker bedächtig,
80 Dem schon lange das Wort von der Lippe zu springen bereit war:
„Laßt uns auch diesmal doch nur die Mittelstraße betreten!
Eile mit Weile! das war selbst Kaiser Augustus' Devise.
Gerne schick' ich mich an, den lieben Nachbarn zu dienen,
Meinen geringen Verstand zu ihrem Nutzen zu brauchen;
Und besonders bedarf die Jugend, daß man sie leite.
Laßt mich also hinaus! Ich will es prüfen, das Mädchen,
Will die Gemeinde befragen, in der sie lebt und bekannt ist.
Niemand betrügt mich so leicht: ich weiß die Worte zu schätzen."
    Da versetzte sogleich der Sohn mit geflügelten Worten:
90 „Thut es, Nachbar, und geht und erkundigt Euch. Aber ich wünsche,
Daß der Herr Pfarrer sich auch in Eurer Gesellschaft befinde:
Zwei so treffliche Männer sind unverwerfliche Zeugen.
O, mein Vater! sie ist nicht hergelaufen, das Mädchen,
Keine, die durch das Land auf Abenteuer umherschweift
Und den Jüngling bestrickt, den unerfahrnen, mit Ränken:
Nein, das wilde Geschick des allverderblichen Krieges,
Das die Welt zerstört und manches feste Gebäude
Schon aus dem Grunde gehoben, hat auch die Arme vertrieben.
Streifen nicht herrliche Männer von hoher Geburt nun im Elend?
100 Fürsten fliehen vermummt, und Könige leben verbannet.
Ach, so ist auch sie, von ihren Schwestern die beste,
Aus dem Lande getrieben: ihr eignes Unglück vergessend,
Steht sie anderen bei, ist ohne Hilfe noch hilfreich!
Groß sind Jammer und Not, die über die Erde sich breiten:
Sollte nicht auch ein Glück aus diesem Unglück hervorgehn,
Und ich, im Arme der Braut, der zuverlässigen Gattin,
Mich nicht erfreuen des Kriegs, so wie Ihr des Brandes Euch freutet?"
    Da versetzte der Vater und that bedeutend den Mund auf:
„Wie ist, o Sohn, dir die Zunge gelöst, die schon dir im Munde
110 Lange Jahre gestockt und nur sich dürftig bewegte!
Muß ich doch heut erfahren, was jedem Vater gedroht ist,
Daß den Willen des Sohns, den heftigen, gerne die Mutter
Allzu gelind begünstigt und jeder Nachbar Partei nimmt,
Wenn es über den Vater nur hergeht oder den Ehmann.
Aber ich will Euch zusammen nicht widerstehen: was hülf' es?
Denn ich sehe doch schon hier Trotz und Thränen im voraus.

Gehet und prüfet und bringt in Gottes Namen die Tochter
Mir ins Haus! Wo nicht, so mag er das Mädchen vergessen!"
Also der Vater. Es rief der Sohn mit froher Gebärde:
120 „Noch vor Abend ist Euch die trefflichste Tochter bescheret,
Wie sie der Mann sich wünscht, dem ein kluger Sinn in der Brust lebt
Glücklich ist die Gute dann auch, so darf ich es hoffen.
Ja, sie danket mir ewig, daß ich ihr Vater und Mutter
Wiedergegeben in Euch, so wie sie verständige Kinder
Wünschen. Aber ich zaudre nicht mehr: ich schirre die Pferde
Gleich und führe die Freunde hinaus auf die Spur der Geliebten,
Überlasse die Männer sich selbst und der eigenen Klugheit,
Richte, so schwör' ich Euch zu, mich ganz nach ihrer Entscheidung,
Und ich seh' es nicht wieder, als bis es mein ist, das Mädchen!"
130 Und so ging er hinaus, indessen manches die andern
Weislich erwogen und schnell die wichtige Sache besprachen.
    Hermann eilte zum Stalle sogleich, wo die mutigen Hengste
Ruhig standen und rasch den reinen Hafer verzehrten
Und das trockene Heu, auf der besten Wiese gehauen.
Eilig legt' er ihnen darauf das blanke Gebiß an,
Zog die Riemen sogleich durch die schön versilberten Schnallen
Und befestigte dann die langen, breiteren Zügel,
Führte die Pferde heraus in den Hof, wo der willige Knecht schon
Vorgeschoben die Kutsche, sie leicht an der Deichsel bewegend.
140 Abgemessen knüpften sie drauf an die Wage mit saubern
Stricken die rasche Kraft der leicht hinziehenden Pferde.
Hermann faßte die Peitsche: dann saß er und rollt' in den Thorweg.
Als die Freunde nun gleich die geräumigen Plätze genommen,
Rollte der Wagen eilig und ließ das Pflaster zurücke,
Ließ zurück die Mauern der Stadt und die reinlichen Türme.
So fuhr Hermann dahin, der wohlbekannten Chaussee zu,
Rasch, und säumete nicht und fuhr bergan wie bergunter.
Als er aber nunmehr den Turm des Dorfes erblickte,
Und nicht fern mehr lagen die gartenumgebenen Häuser,
150 Dacht' er bei sich selbst nun anzuhalten die Pferde.
    Von dem würdigen Dunkel erhabener Linden umschattet,
Die Jahrhunderte schon an dieser Stelle gewurzelt,
War mit Rasen bedeckt ein weiter grünender Anger
Vor dem Dorfe, den Bauern und nahen Städtern ein Lustort.
Flach gegraben befand sich unter den Bäumen ein Brunnen.
Stieg man die Stufen hinab, so zeigten sich steinerne Bänke,

Rings um die Quelle gesetzt, die immer lebendig hervorquoll,
Reinlich, mit niedriger Mauer gefaßt, zu schöpfen bequemlich.
Hermann aber beschloß, in diesem Schatten die Pferde
160 Mit dem Wagen zu halten. Er that so und sagte die Worte:
„Steiget, Freunde, nun aus und geht, damit Ihr erfahret,
Ob das Mädchen auch wert der Hand sei, die ich ihr biete.
Zwar ich glaub' es, und mir erzählt Ihr nichts Neues und Seltnes:
Hätt' ich allein zu thun, so ging' ich behend zu dem Dorf hin,
Und mit wenigen Worten entschiede die Gute mein Schicksal.
Und Ihr werdet sie bald vor allen andern erkennen:
Denn wohl schwerlich ist an Bildung ihr eine vergleichbar.
Aber ich geb' Euch noch die Zeichen der reinlichen Kleider:
Denn der rote Latz erhebt den gewölbeten Busen,
170 Schön geschnürt, und es liegt das schwarze Mieder ihr knapp an;
Sauber hat sie den Saum des Hembes zur Krause gefaltet,
Die ihr das Kinn umgiebt, das runde, mit reinlicher Anmut;
Frei und heiter zeigt sich des Kopfes zierliches Eirund;
Stark sind vielmal die Zöpfe um silberne Nadeln gewickelt;
Vielgefaltet und blau fängt unter dem Latze der Rock an
Und umschlägt ihr im Gehn die wohlgebildeten Knöchel.
Doch das will ich Euch sagen und noch mir ausdrücklich erbitten:
Redet nicht mit dem Mädchen und laßt nicht merken die Absicht,
Sondern befraget die andern und hört, was sie alles erzählen.
180 Habt Ihr Nachricht genug zu beruhigen Vater und Mutter,
Kehret zu mir dann zurück, und wir bedenken das Weitre.
Also dacht' ich mir's aus den Weg her, den wir gefahren.“
    Also sprach er. Es gingen darauf die Freunde dem Dorf zu,
Wo in Gärten und Scheunen und Häusern die Menge von Menschen
Wimmelte, Karrn an Karrn die breite Straße dahin stand.
Männer versorgten das brüllende Vieh und die Pferd' an den Wagen,
Wäsche trockneten emsig auf allen Hecken die Weiber,
Und es ergötzten die Kinder sich plätschernd im Wasser des Baches.
Also durch die Wagen sich drängend, durch Menschen und Tiere,
190 Sahen sie rechts und links sich um, die gesendeten Späher,
Ob sie nicht etwa das Bild des bezeichneten Mädchens erblickten:
Aber keine von allen erschien die herrliche Jungfrau.
Stärker fanden sie bald das Gedränge. Da war um die Wagen
Streit der drohenden Männer, worein sich mischten die Weiber
Schreiend. Da nahte sich schnell mit würdigen Schritten ein Alter,
Trat zu den Scheltenden hin, und sogleich verklang das Getöse,

Als er Ruhe gebot und väterlich ernst sie bedrohte.
„Hat uns", rief er, „noch nicht das Unglück also gebändigt,
Daß wir endlich verstehn uns untereinander zu dulden
200 Und zu vertragen, wenn auch nicht jeder die Handlungen abmißt?
Unverträglich fürwahr ist der Glückliche: werden die Leiden
Endlich Euch lehren, nicht mehr wie sonst mit dem Bruder zu habern?
Gönnet einander den Platz auf fremdem Boden und teilet,
Was Ihr habet, zusammen, damit Ihr Barmherzigkeit findet."
Also sagte der Mann, und alle schwiegen: verträglich
Ordneten Vieh und Wagen die wieder besänftigten Menschen.
Als der Geistliche nun die Rede des Mannes vernommen
Und den ruhigen Sinn des fremden Richters entdeckte,
Trat er an ihn heran und sprach die bedeutenden Worte:
210 „Vater, fürwahr! wenn das Volk in glücklichen Tagen dahinlebt,
Von der Erde sich nährend, die weit und breit sich aufthut
Und die erwünschten Gaben in Jahren und Monden erneuert,
Da geht alles von selbst, und jeder ist sich der Klügste
Wie der Beste, und so bestehen sie nebeneinander,
Und der vernünftigste Mann ist wie ein andrer gehalten:
Denn was alles geschieht, geht still wie von selber den Gang fort.
Aber zerrüttet die Not die gewöhnlichen Wege des Lebens,
Reißt das Gebäude nieder und wühlet Garten und Saat um,
Treibt den Mann und das Weib vom Raume der traulichen
Wohnung,
220 Schleppt in die Irre sie fort durch ängstliche Tage und Nächte:
Ach! da sieht man sich um, wer wohl der verständigste Mann sei,
Und er redet nicht mehr die herrlichen Worte vergebens.
Sagt mir, Vater, Ihr seid gewiß der Richter von diesen
Flüchtigen Männern, der Ihr sogleich die Gemüter beruhigt?
Ja, Ihr erscheint mir heut als einer der ältesten Führer,
Die durch Wüsten und Irren vertriebene Völker geleitet:
Denk' ich doch eben, ich rede mit Josua oder mit Moses."
Und es versetzte darauf mit ernstem Blicke der Richter:
„Wahrlich, unsere Zeit vergleicht sich den seltensten Zeiten,
230 Die die Geschichte bemerkt, die heilige wie die gemeine.
Denn wer gestern und heut in diesen Tagen gelebt hat,
Hat schon Jahre gelebt: so drängen sich alle Geschichten.
Denk' ich ein wenig zurück, so scheint mir ein graues Alter
Auf dem Haupte zu liegen, und doch ist die Kraft noch lebendig.
O, wir anderen dürfen uns wohl mit jenen vergleichen,

Überall sieht er den Tod und genießt die letzten Minuten
Grausam, freut sich des Bluts und freut sich des heulenden Jammers.
   „Grimmig erhob sich darauf in unseren Männern die Wut nun,
Das Verlorne zu rächen und zu verteidgen die Reste.
Alles ergriff die Waffen, gelockt von der Eile des Flüchtlings
Und vom blassen Gesicht und scheu unsicheren Blicke.
70 Rastlos nun erklang das Getön der stürmenden Glocke,
Und die künftge Gefahr hielt nicht die grimmige Wut auf.
Schnell verwandelte sich des Feldbaus friedliche Rüstung
Nun in Wehre: da troff von Blute Gabel und Sense.
Ohne Begnadigung fiel der Feind und ohne Verschonung:
Überall raste die Wut und die feige, tückische Schwäche.
Möcht' ich den Menschen doch nie in dieser schnöden Verirrung
Wieder sehn! Das wütende Tier ist ein besserer Anblick.
Sprech' er doch nie von Freiheit, als könn' er sich selber regieren!
Losgebunden erscheint, sobald die Schranken hinweg sind,
80 Alles Böse, das tief das Gesetz in die Winkel zurücktrieb.“
   „Trefflicher Mann!“ versetzte darauf der Pfarrer mit Nachdruck,
„Wenn ihr den Menschen verkennt, so kann ich euch darum nicht schelten:
Habt ihr doch Böses genug erlitten vom wüsten Beginnen!
Wolltet ihr aber zurück die traurigen Tage durchschauen,
Würdet ihr selber gestehen, wie oft ihr auch Gutes erblicktet,
Manches Treffliche, das verborgen bleibt in dem Herzen,
Regt die Gefahr es nicht auf, und drängt die Not nicht den Menschen,
Daß er als Engel sich zeig', erscheine den andern ein Schutzgott.“
   Lächelnd versetzte darauf der alte, würdige Richter:
90 „Ihr erinnert mich klug, wie oft nach dem Brande des Hauses
Man den betrübten Besitzer an Gold und Silber erinnert,
Das, geschmolzen, im Schutt nun überblieben zerstreut liegt:
Wenig ist es fürwahr, doch auch das Wenige köstlich!
Und der Verarmte gräbet ihm nach und freut sich des Fundes.
Und so kehr' ich auch gern die heitern Gedanken zu jenen
Wenigen guten Thaten, die aufbewahrt das Gedächtnis.
Ja, ich will es nicht leugnen, ich sah sich Feinde versöhnen,
Um die Stadt vom Übel zu retten; ich sah auch der Freunde,
Sah der Eltern Lieb' und der Kinder Unmögliches wagen,
100 Sah, wie der Jüngling auf einmal zum Mann ward, sah, wie
                                               der Greis sich
Wieder verjüngte, das Kind sich selbst als Jüngling enthüllte,
Ja, und das schwache Geschlecht, so wie es gewöhnlich genannt wird,

Zeigte sich tapfer und mächtig und gegenwärtigen Geistes.
Und so laßt mich vor allen der schönen That noch erwähnen,
Die hochherzig ein Mädchen vollbrachte, die treffliche Jungfrau,
Die auf dem großen Gehöft allein mit den Mädchen zurückblieb:
Denn es waren die Männer auch gegen die Fremden gezogen.
Da überfiel den Hof ein Trupp verlaufnen Gesindels
Plündernd, und drängte sogleich sich in die Zimmer der Frauen.
110 Sie erblickten das Bild der schön erwachsenen Jungfrau
Und die lieblichen Mädchen, noch eher Kinder zu heißen.
Da ergriff sie wilde Begier: sie stürmten gefühllos
Auf die zitternde Schar und aufs hochherzige Mädchen.
Aber sie riß dem einen sogleich von der Seite den Säbel,
Hieb ihn nieder gewaltig: er stürzt' ihr blutend zu Füßen.
Dann mit männlichen Streichen befreite sie tapfer die Mädchen,
Traf noch viere der Räuber: doch die entflohen dem Tode.
Dann verschloß sie den Hof und harrte der Hilfe bewaffnet."
Als der Geistliche nun das Lob des Mädchens vernommen,
120 Stieg die Hoffnung sogleich für seinen Freund im Gemüt auf,
Und er war im Begriff zu fragen, wohin sie geraten,
Ob auf der traurigen Flucht sie nun mit dem Volk sich befinde?
Aber da trat herbei der Apotheker behende,
Zupfte den geistlichen Herrn und sagte die wispernden Worte:
„Hab' ich doch endlich das Mädchen aus vielen hundert gefunden
Nach der Beschreibung! So kommt und sehet sie selber mit Augen!
Nehmet den Richter mit Euch, damit wir das Weitere hören!"
Und sie kehrten sich um, und weg war gerufen der Richter
Von den Seinen, die ihn, bedürftig des Rates, verlangten.
130 Doch es folgte sogleich dem Apotheker der Pfarrherr
An die Lücke des Zauns, und jener deutete listig.
„Seht Ihr", sagt' er, „das Mädchen? Sie hat die Puppe gewickelt,
Und ich erkenne genau den alten Kattun und den blauen
Kissenüberzug wohl, den ihr Hermann im Bündel gebracht hat.
Sie verwendete schnell, fürwahr, und gut die Geschenke.
Diese sind deutliche Zeichen, es treffen die übrigen alle:
Denn der rote Latz erhebt den gewölbeten Busen,
Schön geschnürt, und es liegt das schwarze Mieder ihr knapp an;
Sauber ist der Saum des Hemdes zur Krause gefaltet,
140 Und umgiebt ihr das Kinn, das runde, mit reinlicher Anmut;
Frei und heiter zeigt sich des Kopfes zierliches Eirund,
Und die starken Zöpfe um silberne Nadeln gewickelt;

4*

Sitzt sie gleich, so sehen wir doch die treffliche Größe
Und den blauen Rock, der vielgefaltet vom Busen
Reichlich herunterwallt zum wohlgebildeten Knöchel.
Ohne Zweifel, sie ist's.  Drum kommet, damit wir vernehmen,
Ob sie gut und tugendhaft sei, ein häusliches Mädchen."
    Da versetzte der Pfarrer, mit Blicken die Sitzende prüfend:
„Daß sie den Jüngling entzückt, fürwahr, es ist mir kein Wunder:
150 Denn sie hält vor dem Blick des erfahrenen Mannes die Probe.
Glücklich, wem doch Mutter Natur die rechte Gestalt gab!
Denn sie empfiehlet ihn stets, und nirgends ist er ein Fremdling.
Jeder nahet sich gern, und jeder möchte verweilen,
Wenn die Gefälligkeit nur sich zu der Gestalt noch gesellet.
Ich versich'r Euch, es ist dem Jüngling ein Mädchen gefunden,
Das ihm die künftigen Tage des Lebens herrlich erheitert,
Treu mit weiblicher Kraft durch alle Zeiten ihm beisteht.
So ein vollkommener Körper gewiß verwahrt auch die Seele
Rein, und die rüstige Jugend verspricht ein glückliches Alter."
160     Und es sagte darauf der Apotheker bedenklich:
„Trüget doch öfter der Schein! Ich mag dem Äußern nicht trauen,
Denn ich habe das Sprichwort so oft erprobet gefunden:
Eh' du den Scheffel Salz mit dem neuen Bekannten verzehret,
Darfst du nicht leichtlich ihm trauen; dich macht die Zeit nur gewisser,
Wie du es habest mit ihm und wie die Freundschaft bestehe.
Lasset uns also zuerst bei guten Leuten uns umthun,
Denen das Mädchen bekannt ist, und die uns von ihr nun erzählen."
    „Auch ich lobe die Vorsicht", versetzte der Geistliche folgend;
„Frein wir doch nicht für uns! Für andere frein ist bedenklich."
170     Und sie gingen darauf dem wackern Richter entgegen,
Der in seinen Geschäften die Straße wieder heraufkam.
Und zu ihm sprach sogleich der kluge Pfarrer mit Vorsicht:
„Sagt, wir haben ein Mädchen gesehn, das im Garten zunächst hier
Unter dem Apfelbaum sitzt und Kindern Kleider verfertigt
Aus getragnem Kattun, der ihr vermutlich geschenkt ward.
Uns gefiel die Gestalt: sie scheinet der Wackeren eine.
Saget uns, was ihr wißt: wir fragen aus löblicher Absicht."
    Als in den Garten zu blicken der Richter sogleich nun herzutrat,
Sagt' er: „Diese kennet ihr schon: denn wenn ich erzählte
180 Von der herrlichen That, die jene Jungfrau verrichtet,
Als sie das Schwert ergriff und sich und die Ihren beschützte —
Diese war's! Ihr seht es ihr an, sie ist rüstig geboren,

Aber so gut wie stark: denn ihren alten Verwandten
Pflegte sie bis zum Tode, da ihn der Jammer dahinriß
Über des Städtchens Not und seiner Besitzung Gefahren.
Auch mit stillem Gemüt hat sie die Schmerzen ertragen
Über des Bräutigams Tod, der, ein edler Jüngling, im ersten
Feuer des hohen Gedankens nach edler Freiheit zu streben,
Selbst hinging nach Paris und bald den schrecklichen Tod fand:
190  Denn wie zu Hause, so dort bestritt er Willkür und Ränke."
Also sagte der Richter. Die beiden schieden und dankten,
Und der Geistliche zog ein Goldstück: das Silber des Beutels
War vor einigen Stunden von ihm schon milde verspendet,
Als er die Flüchtlinge sah in traurigen Haufen vorbeiziehn,
Und er reicht' es dem Schulzen und sagte: "Teilet den Pfennig
Unter die Dürftigen aus, und Gott vermehre die Gabe!"
Doch es weigerte sich der Mann und sagte: "Wir haben
Manchen Thaler gerettet und manche Kleider und Sachen,
Und ich hoffe, wir kehren zurück, noch eh' es verzehrt ist".
200  Da versetzte der Pfarrer und drückt' ihm das Geld in die Hand ein:
"Niemand säume zu geben in diesen Tagen, und niemand
Weigre sich anzunehmen, was ihm die Milde geboten!
Niemand weiß, wie lang' er es hat, was er ruhig besitzet,
Niemand, wie lang' er noch in fremden Landen umherzieht
Und des Ackers entbehrt und des Gartens, der ihn ernähret."

"Ei doch!" sagte darauf der Apotheker geschäftig,
"Wäre mir jetzt nur Geld in der Tasche, so solltet ihr's haben,
Groß wie klein: denn viele gewiß der Euren bedürfen's.
Unbeschenkt doch laß' ich euch nicht, damit ihr den Willen
210  Sehet, woferne die That auch hinter dem Willen zurückbleibt."
Also sprach er und zog den gestickten ledernen Beutel
An den Riemen hervor, worin der Tobak ihm verwahrt war,
Öffnete zierlich und teilte: da fanden sich einige Pfeifen.
"Klein ist die Gabe", setzt' er dazu. Da sagte der Schultheiß:
"Guter Tobak ist doch dem Reisenden immer willkommen".
Und es lobte darauf der Apotheker den Knaster.

Aber der Pfarrherr zog ihn hinweg, und sie schieden vom Richter.
"Eilen wir!" sprach der verständige Mann: "es wartet der Jüngling
Peinlich. Er höre so schnell als möglich die fröhliche Botschaft."
220  Und sie eilten und kamen und fanden den Jüngling gelehnet
An den Wagen unter den Linden. Die Pferde zerstampften
Wild den Rasen; er hielt sie im Zaum und stand in Gedanken,

Blickte still vor sich hin und sah die Freunde nicht eher,
Bis sie kommend ihn riefen und fröhliche Zeichen ihm gaben.
Schon von ferne begann der Apotheker zu sprechen;
Doch sie traten näher hinzu. Da faßte der Pfarrherr
Seine Hand und sprach und nahm dem Gefährten das Wort weg:
„Heil dir, junger Mann! Dein treues Auge, dein treues
Herz hat richtig gewählt! Glück dir und dem Weibe der Jugend!
230 Deiner ist sie wert: drum komm und wende den Wagen,
Daß wir fahrend sogleich die Ecke des Dorfes erreichen,
Um sie werben und bald nach Hause führen die Gute!"
    Aber der Jüngling stand, und ohne Zeichen der Freude
Hört' er die Worte des Boten, die himmlisch waren und tröstlich,
Seufzete tief und sprach: „Wir kamen mit eilendem Fuhrwerk,
Und wir ziehen vielleicht beschämt und langsam nach Hause:
Denn hier hat mich, seitdem ich warte, die Sorge befallen,
Argwohn und Zweifel und alles, was nur ein liebendes Herz kränkt.
Glaubt Ihr, wenn wir nur kommen, so werde das Mädchen uns folgen,
240 Weil wir reich sind, aber sie arm und vertrieben einherzieht?
Armut selbst macht stolz, die unverdiente. Genügsam
Scheint das Mädchen und thätig, und so gehört ihr die Welt an.
Glaubt Ihr, es sei ein Weib von solcher Schönheit und Sitte
Aufgewachsen, um nie den guten Jüngling zu reizen?
Glaubt Ihr, sie habe bis jetzt ihr Herz verschlossen der Liebe?
Fahret nicht rasch bis hinan! Wir möchten zu unsrer Beschämung
Sachte die Pferde herum nach Hause lenken. Ich fürchte,
Irgend ein Jüngling besitzt dies Herz, und die wackere Hand hat
Eingeschlagen und schon dem Glücklichen Treue versprochen.
250 Ach! da steh' ich vor ihr mit meinem Antrag beschämet."
    Ihn zu trösten, öffnete drauf der Pfarrer den Mund schon —
Doch es fiel der Gefährte mit seiner gesprächigen Art ein:
„Freilich, so wären wir nicht vor Zeiten verlegen gewesen,
Da ein jedes Geschäft nach seiner Weise vollbracht ward.
Hatten die Eltern die Braut für ihren Sohn sich ersehen,
Ward zuvörderst ein Freund vom Hause vertraulich gerufen:
Diesen sandte man dann als Freiersmann zu den Eltern
Der erkorenen Braut, der dann in stattlichem Putze
Sonntags etwa nach Tische den würdigen Bürger besuchte,
260 Freundliche Worte mit ihm im allgemeinen zuvörderst
Wechselnd und klug das Gespräch zu lenken und wenden verstehend.
Endlich nach langem Umschweif ward auch der Tochter erwähnet,

Rühmlich und rühmlich des Manns und des Hauses, von dem
man gesandt war.
Kluge Leute merkten die Absicht: der kluge Gesandte
Merkte den Willen gar bald und konnte sich weiter erklären.
Lehnte den Antrag man ab, so war auch ein Korb nicht verdrießlich.
Aber gelang es denn auch, so war der Freiersmann immer
In dem Hause der Erste bei jedem häuslichen Feste:
Denn es erinnerte sich durchs ganze Leben das Ehpaar,
270 Daß die geschickte Hand den ersten Knoten geschlungen.
Jetzt ist aber das alles mit andern guten Gebräuchen
Aus der Mode gekommen, und jeder freit für sich selber.
Nehme denn jeglicher auch den Korb mit eigenen Händen,
Der ihm etwa beschert ist, und stehe beschämt vor dem Mädchen!"

„Sei es, wie ihm auch sei!" versetzte der Jüngling, der kaum auf
Alle die Worte gehört und schon sich im stillen entschlossen:
„Selber geh' ich und will mein Schicksal selber erfahren
Aus dem Munde des Mädchens, zu dem ich das größte Vertrauen
Hege, das irgend ein Mensch nur je zu dem Weibe gehegt hat.
280 Was sie sagt, das ist gut, es ist vernünftig, das weiß ich.
Soll ich sie auch zum letztenmal sehn, so will ich noch einmal
Diesem offenen Blick des schwarzen Auges begegnen:
Drück' ich sie nie an das Herz, so will ich die Brust und die Schultern
Einmal noch sehn, die mein Arm so sehr zu umschließen begehret,
Will den Mund noch sehen, von dem ein Kuß und das Ja mich
Glücklich macht auf ewig, das Nein mich auf ewig zerstöret!
Aber laßt mich allein! Ihr sollt nicht warten: begebet
Euch zu Vater und Mutter zurück, damit sie erfahren,
Daß sich der Sohn nicht geirrt und daß es wert ist, das Mädchen.
290 Und so laßt mich allein! Den Fußweg über den Hügel
An den Birnbaum hin und unsern Weinberg hinunter
Geh' ich näher nach Hause zurück. O, daß ich die Traute
Freudig und schnell heimführte! Vielleicht auch schleich' ich alleine
Jene Pfade nach Haus und betrete froh sie nicht wieder."

Also sprach er und gab dem geistlichen Herrn die Zügel,
Der verständig sie faßte, die schäumenden Rosse beherrschend,
Schnell den Wagen bestieg und den Sitz des Führers besetzte.
Aber du zaudertest noch, vorsichtiger Nachbar, und sagtest:
„Gerne vertrau' ich, mein Freund, Euch Seel' und Geist und Gemüt an:
300 Aber Leib und Gebein ist nicht zum besten verwahret,
Wenn die geistliche Hand der weltlichen Zügel sich anmaßt."

Doch du lächeltest drauf, verständiger Pfarrer, und sagtest:
„Sitzet nur ein, und getrost vertraut mir den Leib wie die Seele:
Denn geschickt ist die Hand schon lange, den Zügel zu führen,
Und das Auge geübt, die künstlichste Wendung zu treffen.
Denn wir waren in Straßburg gewohnt, den Wagen zu lenken,
Als ich den jungen Baron dahin begleitete: täglich
Rollte der Wagen, geleitet von mir, das hallende Thor durch,
Staubige Wege hinaus bis fern zu den Auen und Linden
310 Mitten durch Scharen des Volks, das mit Spazieren den Tag lebt."
   Halb getröstet bestieg darauf der Nachbar den Wagen,
Saß wie einer, der sich zum weislichen Sprunge bereitet,
Und die Hengste rannten nach Hause, begierig des Stalles.
Aber die Wolke des Staubs quoll unter den mächtigen Hufen.
Lange noch stand der Jüngling und sah den Staub sich erheben,
Sah den Staub sich zerstreun: so stand er ohne Gedanken.

# Erato.

## Dorothea.

   Wie der wandernde Mann, der vor dem Sinken der Sonne
Sie noch einmal ins Auge, die schnellverschwindende, faßte,
Dann im dunkeln Gebüsch und an der Seite des Felsens
Schweben siehet ihr Bild — wohin er die Blicke nur wendet,
Eilet es vor und glänzt und schwankt in herrlichen Farben:
So bewegte vor Hermann die liebliche Bildung des Mädchens
Sanft sich vorbei und schien dem Pfad ins Getreide zu folgen.
Aber er fuhr aus dem staunenden Traum auf, wendete langsam
Nach dem Dorfe sich zu und staunte wieder: denn wieder
10 Kam ihm die hohe Gestalt des herrlichen Mädchens entgegen.
Fest betrachtet' er sie: es war kein Scheinbild, sie war es
Selber. Den größeren Krug und einen kleinern am Henkel
Tragend in jeglicher Hand, so schritt sie geschäftig zum Brunnen.
Und er ging ihr freudig entgegen. Es gab ihm ihr Anblick
Mut und Kraft; er sprach zu seiner Verwunderten also:
„Find' ich dich, wackeres Mädchen, so bald aufs neue beschäftigt,
Hilfreich andern zu sein und gern zu erquicken die Menschen?
Sag, warum kommst du allein zum Quell, der doch so entfernt liegt,
Da sich andere doch mit dem Wasser des Dorfes begnügen?
20 Freilich ist dies von besonderer Kraft und lieblich zu kosten.
Jener Kranken bringst du es wohl, die du treulich gerettet?"

Freundlich begrüßte sogleich das gute Mädchen den Jüngling,
Sprach: „So ist schon hier der Weg mir zum Brunnen belohnet,
Da ich finde den Guten, der uns so vieles gereicht hat:
Denn der Anblick des Gebers ist wie die Gaben erfreulich.
Kommt und sehet doch selber, wer Eure Milde genossen,
Und empfanget den ruhigen Dank von allen Erquickten!
Daß Ihr aber sogleich vernehmet, warum ich gekommen,
Hier zu schöpfen, wo rein und unablässig der Quell fließt,
30 Sag' ich Euch dies: es haben die unvorsichtigen Menschen
Alles Wasser getrübt im Dorfe, mit Pferden und Ochsen
Gleich durchwatend den Quell, der Wasser bringt den Bewohnern.
Und so haben sie auch mit Waschen und Reinigen alle
Tröge des Dorfes beschmutzt und alle Brunnen besudelt:
Denn ein jeglicher denkt nur sich selbst und das nächste Bedürfnis
Schnell zu befried'gen und rasch, und nicht des Folgenden denkt er."
Also sprach sie und war die breiten Stufen hinunter
Mit dem Begleiter gelangt, und auf das Mäuerchen setzten
Beide sich nieder des Quells. Sie beugte sich über zu schöpfen,
40 Und er faßte den anderen Krug und beugte sich über.
Und sie sahen gespiegelt ihr Bild in der Bläue des Himmels
Schwanken und nickten sich zu und grüßten sich freundlich im Spiegel.
„Laß mich trinken", sagte darauf der heitere Jüngling;
Und sie reicht' ihm den Krug. Dann ruhten sie beide, vertraulich
Auf die Gefäße gelehnt; sie aber sagte zum Freunde:
„Sage, wie find' ich dich hier und ohne Wagen und Pferde
Ferne vom Ort, wo ich erst dich gesehen? Wie bist du gekommen?"
Denkend schaute Hermann zur Erde; dann hob er die Blicke
Ruhig gegen sie auf und sah ihr freundlich ins Auge,
50 Fühlte sich still und getrost. Jedoch ihr von Liebe zu sprechen,
Wär' ihm unmöglich gewesen: ihr Auge blickte nicht Liebe,
Aber hellen Verstand, und gebot verständig zu reden.
Und er faßte sich schnell und sagte traulich zum Mädchen:
„Laß mich reden, mein Kind, und deine Fragen erwidern.
Deinetwegen kam ich hierher — was soll ich's verbergen?
Denn ich lebe beglückt mit beiden liebenden Eltern,
Denen ich treulich das Haus und die Güter helfe verwalten
Als der einzige Sohn, und unsre Geschäfte sind vielfach.
Alle Felder besorg' ich: der Vater waltet im Hause
60 Fleißig, die thätige Mutter belebt im ganzen die Wirtschaft.
Aber du hast gewiß auch erfahren, wie sehr das Gesinde

Bald durch Leichtsinn und bald durch Untreu plaget die Hausfrau,
Immer sie nötigt zu wechseln und Fehler um Fehler zu tauschen.
Lange wünschte die Mutter daher sich ein Mädchen im Hause,
Das mit der Hand nicht allein, das auch mit dem Herzen ihr hülfe,
An der Tochter Statt, der leider frühe verlornen.
Nun, als ich heut' am Wagen dich sah in froher Gewandtheit,
Sah die Stärke des Arms und die volle Gesundheit der Glieder,
Als ich die Worte vernahm, die verständigen, war ich betroffen,
70 Und ich eilte nach Hause, den Eltern und Freunden die Fremde
Rühmend nach ihrem Verdienst. Nun komm' ich dir aber zu sagen,
Was sie wünschen wie ich — Verzeih mir die stotternde Rede."
    „Scheuet Euch nicht", so sagte sie drauf, „das Weitere zu
                                          sprechen:
Ihr beleidigt mich nicht, ich hab' es dankbar empfunden.
Sagt es nur grad' heraus! Mich kann das Wort nicht erschrecken:
Dingen möchtet Ihr mich als Magd für Vater und Mutter,
Zu versehen das Haus, das wohlerhalten Euch dasteht,
Und Ihr glaubet an mir ein tüchtiges Mädchen zu finden,
Zu der Arbeit geschickt und nicht von rohem Gemüte.
80 Euer Antrag war kurz: so soll die Antwort auch kurz sein.
Ja, ich gehe mit Euch und folge dem Rufe des Schicksals.
Meine Pflicht ist erfüllt, ich habe die Wöchnerin wieder
Zu den Ihren gebracht, sie freuen sich alle der Rettung:
Schon sind die meisten beisammen, die übrigen werden sich finden.
Alle denken gewiß, in kurzen Tagen zur Heimat
Wiederzukehren: so pflegt sich stets der Vertriebne zu schmeicheln.
Aber ich täusche mich nicht mit leichter Hoffnung in diesen
Traurigen Tagen, die uns noch traurige Tage versprechen:
Denn gelöst sind die Bande der Welt — wer knüpfet sie wieder,
90 Als allein nur die Not, die höchste, die uns bevorsteht?
Kann ich im Hause des würdigen Manns mich dienend ernähren
Unter den Augen der trefflichen Frau, so thu' ich es gerne:
Denn ein wanderndes Mädchen ist immer von schwankendem Rufe.
Ja, ich gehe mit Euch, sobald ich die Krüge den Freunden
Wiedergebracht und noch mir den Segen der Guten erbeten.
Kommt! Ihr müsset sie sehen und mich von ihnen empfangen."
    Fröhlich hörte der Jüngling des willigen Mädchens Entschließung,
Zweifelnd, ob er ihr nun die Wahrheit sollte gestehen:
Aber es schien ihm das Beste zu sein, in dem Wahn sie zu lassen,
100 In sein Haus sie zu führen, zu werben um Liebe nur dort erst.

Ach! und den goldenen Ring erblickt' er am Finger des Mädchens!
Und so ließ er sie sprechen und horchte fleißig den Worten.
„Laßt uns", fuhr sie nun fort, „zurücke kehren! Die Mädchen
Werden immer getadelt, die lange beim Brunnen verweilen:
Und doch ist es am rinnenden Quell so lieblich zu schwätzen."
Also standen sie auf und schauten beide noch einmal
In den Brunnen zurück, und süßes Verlangen ergriff sie.
      Schweigend nahm sie darauf die beiden Krüge beim Henkel,
Stieg die Stufen hinan, und Hermann folgte der Lieben.
110 Einen Krug verlangt' er von ihr, die Bürde zu teilen.
„Laßt ihn", sprach sie: „es trägt sich besser die gleichere Last so.
Und der Herr, der künftig befiehlt, er soll mir nicht dienen.
Seht mich so ernst nicht an, als wäre mein Schicksal bedenklich!
Dienen lerne beizeiten das Weib nach ihrer Bestimmung!
Denn durch Dienen allein gelangt sie endlich zum Herrschen,
Zu der verdienten Gewalt, die doch ihr im Hause gehöret.
Dienet die Schwester dem Bruder doch früh, sie dienet den Eltern,
Und ihr Leben ist immer ein ewiges Gehen und Kommen,
Oder ein Heben und Tragen, Bereiten und Schaffen für andre.
120 Wohl ihr, wenn sie daran sich gewöhnt, daß kein Weg ihr zu sauer
Wird, und die Stunden der Nacht ihr sind wie die Stunden des Tages,
Daß ihr niemals die Arbeit zu klein und die Nadel zu fein dünkt,
Daß sie sich ganz vergißt und leben mag nur in andern!
Denn als Mutter, fürwahr, bedarf sie der Tugenden alle,
Wenn der Säugling die Krankende weckt und Nahrung begehret
Von der Schwachen, und so zu Schmerzen Sorgen sich häufen.
Zwanzig Männer verbunden ertrügen nicht diese Beschwerde,
Und sie sollen es nicht: doch sollen sie dankbar es einsehn."
      Also sprach sie und war mit ihrem stillen Begleiter
130 Durch den Garten gekommen bis an die Tenne der Scheune,
Wo die Wöchnerin lag, die sie froh mit den Töchtern verlassen,
Jenen geretteten Mädchen, den schönen Bildern der Unschuld.
Beide traten hinein; und von der anderen Seite
Trat, ein Kind an jeglicher Hand, der Richter zugleich ein.
Diese waren bisher der jammernden Mutter verloren:
Aber gefunden hatte sie nun im Gewimmel der Alte.
Und sie sprangen mit Lust, die liebe Mutter zu grüßen,
Sich des Bruders zu freun, des unbekannten Gespielen!
Auf Dorotheen sprangen sie dann und grüßten sie freundlich,
140 Brot verlangend und Obst, vor allem aber zu trinken.

Und sie reichte das Wasser herum. Da tranken die Kinder,
Und die Wöchnerin trank mit den Töchtern, so trank auch der Richter.
Alle waren geletzt und lobten das herrliche Wasser:
Säuerlich war's und erquicklich, gesund zu trinken den Menschen.
Da versetzte das Mädchen mit ernsten Blicken und sagte:
„Freunde, dieses ist wohl das letzte Mal, daß ich den Krug Euch
Führe zum Munde, daß ich die Lippen mit Wasser Euch netze:
Aber wenn Euch fortan am heißen Tage der Trunk labt,
Wenn Ihr im Schatten der Ruh' und der reinen Quellen genießet,
150 Dann gedenket auch mein und meines freundlichen Dienstes,
Den ich aus Liebe mehr als aus Verwandtschaft geleistet.
Was Ihr mir Gutes erzeigt, erkenn' ich durchs künftige Leben.
Ungern laß' ich Euch zwar, doch jeder ist diesmal dem andern
Mehr zur Last als zum Trost, und alle müssen wir endlich
Uns im fremden Lande zerstreun, wenn die Rückkehr versagt ist.
Seht, hier steht der Jüngling, dem wir die Gaben verdanken,
Diese Hülle des Kinds und jene willkommene Speise:
Dieser kommt und wirbt, in seinem Haus mich zu sehen,
Daß ich diene daselbst den reichen trefflichen Eltern.
160 Und ich schlag' es nicht ab: denn überall dienet das Mädchen,
Und ihr wäre zur Last, bedient im Hause zu ruhen.
Also folg' ich ihm gern: er scheint ein verständiger Jüngling,
Und so werden die Eltern es sein, wie Reichen geziemet.
Darum lebet nun wohl, geliebte Freundin, und freuet
Euch des lebendigen Säuglings, der schon so gesund Euch anblickt!
Drücket Ihr ihn an die Brust in diesen farbigen Wickeln,
O, so gedenket des Jünglings, des guten, der sie uns reichte,
Und der künftig auch mich, die Eure, nähret und kleidet!
170 Und Ihr, trefflicher Mann", so sprach sie gewendet zum Richter,
„Habet Dank, daß Ihr Vater mir wart in mancherlei Fällen!"
Und sie kniete darauf zur guten Wöchnerin nieder,
Küßte die weinende Frau und vernahm des Segens Gelispel.
Aber du sagtest indes, ehrwürdiger Richter, zu Hermann:
„Billig seid Ihr, o Freund, zu den guten Wirten zu zählen,
Die mit tüchtigen Menschen den Haushalt zu führen bedacht sind.
Denn ich habe wohl oft gesehn, daß man Kinder und Pferde
So wie Schafe genau bei Tausch und Handel betrachtet:
Aber den Menschen, der alles erhält, wenn er tüchtig und gut ist,
180 Und der alles zerstreut und zerstört durch falsches Beginnen,
Diesen nimmt man nur so auf Glück und Zufall ins Haus ein,

Und er bereuet zu spät ein übereiltes Entschließen.
Aber es scheint, Ihr versteht's: denn Ihr habt ein Mädchen erwählet,
Euch zu dienen im Haus und Euern Eltern, das brav ist.
Haltet sie wohl! Ihr werdet, so lang' sie der Wirtschaft sich annimmt,
Nicht die Schwester vermissen, noch Eure Eltern die Tochter."
    Viele kamen indes, der Wöchnerin nahe Verwandte,
Manches bringend und ihr die bessere Wohnung verkündend.
Alle vernahmen des Mädchens Entschluß und segneten Hermann
Mit bedeutenden Blicken und mit besondern Gedanken.
190 Denn so sagte wohl eine zur andern flüchtig ans Ohr hin:
„Wenn aus dem Herrn ein Bräutigam wird, so ist sie geborgen".
Hermann faßte darauf sie bei der Hand an und sagte:
„Laß uns gehen! Es neigt sich der Tag, und fern ist das Städtchen".
Lebhaft gesprächig umarmten darauf Dorotheen die Weiber.
Hermann zog sie hinweg: noch viele Grüße befahl sie.
Aber da fielen die Kinder mit Schrein und entsetzlichem Weinen
Ihr in die Kleider und wollten die zweite Mutter nicht lassen.
Aber ein und die andre der Weiber sagte gebietend:
„Stille, Kinder! Sie geht in die Stadt und bringt euch des guten
200 Zuckerbrotes genug, das euch der Bruder bestellte,
Als der Storch ihn jüngst beim Zuckerbäcker vorbeitrug,
Und ihr sehet sie bald mit den schön vergoldeten Deuten".
Und so ließen die Kinder sie los, und Hermann entriß sie
Noch den Umarmungen kaum und den ferne winkenden Tüchern

## Melpomene.
### Hermann und Dorothea.

Also gingen die zwei entgegen der sinkenden Sonne,
Die in Wolken sich tief, gewitterdrohend, verhüllte,
Aus dem Schleier, bald hier, bald dort, mit glühenden Blicken
Strahlend über das Feld die ahnungsvolle Beleuchtung.
„Möge das drohende Wetter", so sagte Hermann, „nicht etwa
Schloßen uns bringen und heftigen Guß: denn schön ist die Ernte."
Und sie freuten sich beide des hohen, wankenden Kornes,
Das die Durchschreitenden fast, die hohen Gestalten, erreichte.
Und es sagte darauf das Mädchen zum leitenden Freunde:
10 „Guter, dem ich zunächst ein freundlich Schicksal verdanke,
Dach und Fach, wenn im Freien so manchem Vertriebnen der
                                        Sturm dräut,

Saget mir jetzt vor allem, und lehret die Eltern mich kennen,
Denen ich künftig zu dienen von ganzer Seele geneigt bin:
Denn kennt jemand den Herrn, so kann er ihm leichter genug thun,
Wenn er die Dinge bedenkt, die jenem die wichtigsten scheinen,
Und auf die er den Sinn, den festbestimmten, gesetzt hat.
Darum saget mir doch: wie gewinn' ich Vater und Mutter?"
    Und es versetzte dagegen der gute, verständige Jüngling:
„O, wie geb' ich dir recht, du gutes, treffliches Mädchen,
20 Daß du zuvörderst dich nach dem Sinne der Eltern befragest!
Denn so strebt' ich bisher vergebens, dem Vater zu dienen,
Wenn ich der Wirtschaft mich als wie der meinigen annahm,
Früh den Acker und spät und so besorgend den Weinberg.
Meine Mutter befriedigt' ich wohl, sie wußt' es zu schätzen;
Und so wirst du ihr auch das trefflichste Mädchen erscheinen,
Wenn du das Haus besorgst, als wenn du das deine bedächtest.
Aber dem Vater nicht so: denn dieser liebet den Schein auch.
Gutes Mädchen, halte mich nicht für kalt und gefühllos,
Wenn ich den Vater dir sogleich, der Fremden, enthülle.
30 Ja, ich schwör' es, das erste Mal ist's, daß frei mir ein solches
Wort die Zunge verläßt, die nicht zu schwatzen gewohnt ist:
Aber du lockst mir hervor aus der Brust ein jedes Vertrauen.
Einige Zierde verlangt der gute Vater im Leben,
Wünschet äußere Zeichen der Liebe sowie der Verehrung,
Und er würde vielleicht vom schlechteren Diener befriedigt,
Der dies wüßte zu nutzen, und würde dem besseren gram sein."
    Freudig sagte sie drauf, zugleich die schnelleren Schritte
Durch den dunkelnden Pfad verdoppelnd mit leichter Bewegung:
„Beide zusammen hoff' ich fürwahr zufriedenzustellen:
40 Denn der Mutter Sinn ist wie mein eigenes Wesen,
Und der äußeren Zierde bin ich von Jugend nicht fremde.
Unsere Nachbarn, die Franken, in ihren früheren Zeiten
Hielten auf Höflichkeit viel: sie war dem Edlen und Bürger
Wie den Bauern gemein, und jeder empfahl sie den Seinen.
Und so brachten bei uns auf deutscher Seite gewöhnlich
Auch die Kinder des Morgens mit Händeküssen und Knixchen
Segenswünsche den Eltern und hielten sittlich den Tag aus.
Alles, was ich gelernt und was ich von jung auf gewohnt bin,
Was von Herzen mir geht — ich will es dem Alten erzeigen.
50 Aber wer sagt mir nunmehr, wie soll ich dir selber begegnen,
Dir, dem einzigen Sohne und künftig meinem Gebieter?"

Also sprach sie, und eben gelangten sie unter den Birnbaum.
Herrlich glänzte der Mond, der volle, vom Himmel herunter:
Nachts war's, völlig bedeckt das letzte Schimmern der Sonne.
Und so lagen vor ihnen in Massen gegeneinander
Lichter, hell wie der Tag, und Schatten dunkeler Nächte.
Und es hörte die Frage, die freundliche, gern in dem Schatten
Hermann des herrlichen Baums, am Orte, der ihm so lieb war,
Der noch heute die Thränen um seine Vertriebne gesehen.
60 Und indem sie sich nieder ein wenig zu ruhen gesetzet,
Sagte der liebende Jüngling, die Hand des Mädchens ergreifend:
„Laß dein Herz dir es sagen, und folg ihm frei nur in allem".
Aber er wagte kein weiteres Wort, so sehr auch die Stunde
Günstig war: er fürchtete, nur ein Nein zu ereilen,
Ach, und er fühlte den Ring am Finger, das schmerzliche Zeichen!
Also saßen sie still und schweigend nebeneinander;
Aber das Mädchen begann und sagte: „Wie sind' ich des Mondes
Herrlichen Schein so süß! Er ist der Klarheit des Tags gleich.
Seh' ich doch dort in der Stadt die Häuser deutlich und Höfe,
70 An dem Giebel ein Fenster; mich deucht, ich zähle die Scheiben."
„Was du siehst", versetzte darauf der gehaltene Jüngling,
„Das ist unsere Wohnung, in die ich nieder dich führe,
Und dies Fenster dort ist meines Zimmers im Dache,
Das vielleicht das deine nun wird: wir verändern im Hause.
Diese Felder sind unser, sie reifen zur morgenden Ernte.
Hier im Schatten wollen wir ruhn und des Mahles genießen.
Aber laß uns nunmehr hinab durch Weinberg und Garten
Steigen: denn sieh, es rückt das schwere Gewitter herüber,
Wetterleuchtend und bald verschlingend den lieblichen Vollmond."
80 Und so standen sie auf und wandelten nieder, das Feld hin,
Durch das mächtige Korn, der nächtlichen Klarheit sich freuend;
Und sie waren zum Weinberg gelangt und traten ins Dunkel.
Und so leitet' er sie die vielen Platten hinunter,
Die, unbehauen gelegt, als Stufen dienten im Laubgang.
Langsam schritt sie hinab, auf seinen Schultern die Hände,
Und mit schwankenden Lichtern durchs Laub überblickte der Mond sie,
Eh' er, von Wetterwolken umhüllt, im Dunkeln das Paar ließ.
Sorglich stützte der Starke das Mädchen, das über ihn herhing:
Aber sie, unkundig des Steigs und der roheren Stufen,
90 Fehlte tretend, es knackte der Fuß, sie drohte zu fallen.
Eilig streckte gewandt der sinnige Jüngling den Arm aus,

Hielt empor die Geliebte: sie sank ihm leis auf die Schulter,
Brust war gesenkt an Brust und Wang' an Wange. So stand er,
Starr wie ein Marmorbild, vom ernsten Willen gebändigt,
Drückte nicht fester sie an, er stemmte sich gegen die Schwere.
Und so fühlt' er die herrliche Last, die Wärme des Herzens,
Und den Balsam des Atems, an seinen Lippen verhauchet,
Trug mit Mannesgefühl die Heldengröße des Weibes.

Doch sie verhehlte den Schmerz und sagte die scherzenden Worte.
100 „Das bedeutet Verdruß, so sagen bedenkliche Leute,
Wenn beim Eintritt ins Haus, nicht fern von der Schwelle, der
Fuß knackt.
Hätt' ich mir doch fürwahr ein besseres Zeichen gewünschet!
Laß uns ein wenig verweilen, damit dich die Eltern nicht tadeln
Wegen der hinkenden Magd, und ein schlechter Wirt du erscheinest."

# Urania.

## Aussicht.

Musen, die ihr so gern die herzliche Liebe begünstigt,
Auf dem Wege bisher den trefflichen Jüngling geleitet,
An die Brust ihm das Mädchen noch vor der Verlobung gedrückt habt:
Helfet auch ferner den Bund des lieblichen Paares vollenden,
Teilet die Wolken sogleich, die über ihr Glück sich heraufziehn!
Aber saget vor allem, was jetzt im Hause geschiehet.

Ungeduldig betrat die Mutter zum drittenmal wieder
Schon das Zimmer der Männer, das sorglich erst sie verlassen,
Sprechend vom nahen Gewitter, vom schnellen Verdunkeln des
Mondes,
10 Dann vom Außenbleiben des Sohns und der Nächte Gefahren,
Tadelte lebhaft die Freunde, daß, ohne das Mädchen zu sprechen,
Ohne zu werben für ihn, sie so bald sich vom Jüngling getrennet.
„Mache nicht schlimmer das Übel!" versetzt' unmutig der Vater;
„Denn du siehst, wir harren ja selbst und warten des Ausgangs."
Aber gelassen begann der Nachbar sitzend zu sprechen:
„Immer verdank' ich es doch in solch unruhiger Stunde
Meinem seligen Vater, der mir als Knaben die Wurzel
Aller Ungeduld ausriß, daß auch kein Fäschen zurückblieb,
Und ich erwarten lernte sogleich wie keiner der Weisen".
20 „Sagt", versetzte der Pfarrer, „welch Kunststück brauchte der Alte?"
„Das erzähl' ich Euch gern, denn jeder kann es sich merken",

Sagte der Nachbar darauf. „Als Knabe stand ich am Sonntag
Ungeduldig einmal, die Kutsche begierig erwartend,
Die uns sollte hinaus zum Brunnen führen der Linden.
Doch sie kam nicht: ich lief wie ein Wiesel dahin und dorthin,
Treppen hinauf und hinab und von dem Fenster zur Thüre.
Meine Hände prickelten mir: ich kratzte die Tische,
Trappelte stampfend herum, und nahe war mir das Weinen.
Alles sah der gelassene Mann; doch als ich es endlich
30 Gar zu thöricht betrieb, ergriff er mich ruhig beim Arme,
Führte zum Fenster mich hin und sprach die bedenklichen Worte:
Siehst du des Tischlers da drüben für heute geschlossene Werkstatt?
Morgen eröffnet er sie; da rühret sich Hobel und Säge,
Und so geht es von frühe bis Abend die fleißigen Stunden.
Aber bedenke dir dies: der Morgen wird künftig erscheinen,
Da der Meister sich regt mit allen seinen Gesellen,
Dir den Sarg zu bereiten und schnell und geschickt zu vollenden;
Und sie tragen das bretterne Haus geschäftig herüber,
Das den Geduld'gen zuletzt und den Ungeduldigen aufnimmt,
40 Und gar bald ein drückendes Dach zu tragen bestimmt ist.
Alles sah ich sogleich im Geiste wirklich geschehen,
Sah die Bretter gefügt und die schwarze Farbe bereitet,
Saß geduldig nunmehr und harrete ruhig der Kutsche.
Rennen andere nun in zweifelhafter Erwartung
Ungebärdig herum, da muß ich des Sarges gedenken."
Lächelnd sagte der Pfarrer: „Des Todes rührendes Bild steht
Nicht als Schrecken dem Weisen und nicht als Ende dem Frommen.
Jenen drängt es ins Leben zurück, und lehret ihn handeln,
Diesem stärkt es zu künftigem Heil im Trübsal die Hoffnung:
50 Beiden wird zum Leben der Tod. Der Vater mit Unrecht
Hat dem empfindlichen Knaben den Tod im Tode gewiesen.
Zeige man doch dem Jüngling des edel reifenden Alters
Wert und dem Alter die Jugend, daß beide des ewigen Kreises
Sich erfreuen und so sich Leben im Leben vollende!"
Aber die Thür ging auf. Es zeigte das herrliche Paar sich,
Und es erstaunten die Freunde, die liebenden Eltern erstaunten
Über die Bildung der Braut, des Bräutigams Bildung vergleichbar,
Ja, es schien die Thüre zu klein, die hohen Gestalten
Einzulassen, die nun zusammen betraten die Schwelle.
60 Hermann stellte den Eltern sie vor mit fliegenden Worten:
„Hier ist", sagt' er, „ein Mädchen, so wie Jhr im Hause sie wünschet.

Lieber Vater, empfanget sie gut: sie verdient es! Und, liebe
Mutter, befragt sie sogleich nach dem ganzen Umfang der Wirtschaft,
Daß Ihr seht, wie sehr sie verdient, Euch näher zu werden!"
Eilig führt' er darauf den trefflichen Pfarrer beiseite,
Sagte: "Würdiger Herr, nun helft mir aus dieser Besorgnis
Schnell und löset den Knoten, vor dessen Entwicklung ich schaudre.
Denn ich habe das Mädchen als meine Braut nicht geworben,
Sondern sie glaubt, als Magd in das Haus zu gehn, und ich fürchte,
70 Daß unwillig sie flieht, sobald wir gedenken der Heirat.
Aber entschieden sei es sogleich! Nicht länger im Irrtum
Soll sie bleiben, wie ich nicht länger den Zweifel ertrage.
Eilet und zeiget auch hier die Weisheit, die wir verehren!"
Und es wendete sich der Geistliche gleich zur Gesellschaft.
Aber leider getrübt war durch die Rede des Vaters
Schon die Seele des Mädchens; er hatte die munteren Worte
Mit behaglicher Art im guten Sinne gesprochen:
"Ja, das gefällt mir, mein Kind! Mit Freuden erfahr' ich, der Sohn hat
Auch wie der Vater Geschmack, der seiner Zeit es gewiesen,
80 Immer die Schönste zum Tanze geführt und endlich die Schönste
In sein Haus als Frau sich geholt: das Mütterchen war es.
Denn an der Braut, die der Mann sich erwählt, läßt gleich sich
erkennen,
Welches Geistes er ist, und ob er sich eigenen Wert fühlt.
Aber Ihr brauchtet wohl auch nur wenig Zeit zur Entschließung?
Denn mich dünket fürwahr, ihm ist so schwer nicht zu folgen!"
Hermann hörte die Worte nur flüchtig: ihm bebten die Glieder
Innen, und stille war der ganze Kreis nun auf einmal.
Aber das treffliche Mädchen, von solchen spöttischen Worten,
Wie sie ihr schienen, verletzt und tief in die Seele getroffen,
90 Stand, mit fliegender Röte die Wange bis gegen den Nacken
Übergossen; doch hielt sie sich an und nahm sich zusammen,
Sprach zu dem Alten darauf, nicht völlig die Schmerzen verbergend:
"Traun! Zu solchem Empfang hat mich der Sohn nicht bereitet,
Der mir des Vaters Art geschildert, des trefflichen Bürgers;
Und ich weiß, ich stehe vor Euch, dem gebildeten Manne,
Der sich klug mit jedem beträgt und gemäß den Personen.
Aber, so scheint es, Ihr fühlt nicht Mitleid genug mit der Armen,
Die nun die Schwelle betritt und die Euch zu dienen bereit ist:
Denn sonst würdet Ihr nicht mit bitterem Spotte mir zeigen,
100 Wie entfernt mein Geschick von Eurem Sohn und von Euch sei.

Freilich tret' ich nur arm mit kleinem Bündel ins Haus ein,
Das, mit allem versehn, die frohen Bewohner gewiß macht:
Aber ich kenne mich wohl und fühle das ganze Verhältnis.
Ist es edel, mich gleich mit solchem Spotte zu treffen,
Der auf der Schwelle beinah mich schon aus dem Hause zurücktreibt?"
    Bang bewegte sich Hermann und winkte dem geistlichen Freunde,
Daß er ins Mittel sich schlüge, sogleich zu verscheuchen den Irrtum.
Eilig trat der Kluge heran und schaute des Mädchens
Stillen Verdruß und gehaltenen Schmerz und Thränen im Auge.
110 Da befahl ihm sein Geist, nicht gleich die Verwirrung zu lösen,
Sondern vielmehr das bewegte Gemüt zu prüfen des Mädchens.
Und er sagte darauf zu ihr mit versuchenden Worten:
„Sicher, du überlegtest nicht wohl, o Mädchen des Auslands,
Wenn du bei Fremden zu dienen dich allzu eilig entschlossest,
Was es heiße, das Haus des gebietenden Herrn zu betreten:
Denn der Handschlag bestimmt das ganze Schicksal des Jahres,
Und gar vieles zu dulden verbindet ein einziges Jawort.
Sind doch nicht das Schwerste des Diensts die ermüdenden Wege,
Nicht der bittere Schweiß der ewig drängenden Arbeit —
120 Denn mit dem Knechte zugleich bemüht sich der thätige Freie:
Aber zu dulden die Laune des Herrn, wenn er ungerecht tadelt,
Oder dieses und jenes begehrt, mit sich selber in Zwiespalt,
Und die Heftigkeit noch der Frauen, die leicht sich erzürnet,
Mit der Kinder roher und übermütiger Unart:
Das ist schwer zu ertragen, und doch die Pflicht zu erfüllen,
Ungesäumt und rasch, und selbst nicht mürrisch zu stocken.
Doch du scheinst mir dazu nicht geschickt, da die Scherze des Vaters
Schon dich treffen so tief, und doch nichts gewöhnlicher vorkommt
Als ein Mädchen zu plagen, daß wohl ihr ein Jüngling gefalle."
130     Also sprach er. Es fühlte die treffende Rede das Mädchen,
Und sie hielt sich nicht mehr: es zeigten sich ihre Gefühle
Mächtig, es hob sich die Brust, aus der ein Seufzer hervordrang,
Und sie sagte sogleich mit heiß vergossenen Thränen:
„O, nie weiß der verständige Mann, der im Schmerz uns zu raten
Denkt, wie wenig sein Wort, das kalte, die Brust zu befreien
Je von dem Leiden vermag, das ein hohes Schicksal uns auflegt.
Ihr seid glücklich und froh: wie sollt' ein Scherz Euch verwunden?
Doch der Krankende fühlt auch schmerzlich die leise Berührung.
Nein, es hülfe mir nichts, wenn selbst mir Verstellung gelänge —
140 Zeige sich gleich, was später nur tiefere Schmerzen vermehrte

5*

Und mich drängte vielleicht in stillverzehrendes Elend.
Laßt mich wieder hinweg — ich darf im Hause nicht bleiben!
Ich will fort und gehe, die armen Meinen zu suchen,
Die ich im Unglück verließ, für mich nur das Bessere wählend.
Dies ist mein fester Entschluß; und ich darf Euch darum nun
                                                    bekennen,
Was im Herzen sich sonst wohl Jahre hätte verborgen.
Ja, des Vaters Spott hat tief mich getroffen, nicht, weil ich
Stolz und empfindlich bin, wie es wohl der Magd nicht geziemet,
Sondern weil mir fürwahr im Herzen die Neigung sich regte
150 Gegen den Jüngling, der heute mir als ein Erretter erschienen.
Denn als er erst auf der Straße mich ließ, so war er mir immer
In Gedanken geblieben: ich dachte des glücklichen Mädchens,
Das er vielleicht schon als Braut im Herzen möchte bewahren.
Und als ich wieder am Brunnen ihn fand, da freut' ich mich seines
Anblicks so sehr, als wär' mir der Himmlischen einer erschienen,
Und ich folgt' ihm so gern, als nun er zur Magd mich geworben.
Doch mir schmeichelte freilich das Herz (ich will es gestehen)
Auf dem Wege hierher, als könnt' ich vielleicht ihn verdienen,
Wenn ich würde des Hauses bereinst unentbehrliche Stütze.
160 Aber, ach! nun seh' ich zuerst die Gefahren, in die ich
Mich begab, so nah dem still Geliebten zu wohnen!
Nun erst fühl' ich, wie weit ein armes Mädchen entfernt ist
Von dem reicheren Jüngling, und wenn sie die Tüchtigste wäre!
Alles das hab' ich gesagt, damit Ihr das Herz nicht verkennet,
Das ein Zufall beleidigt, dem ich die Besinnung verdanke.
Denn das mußt' ich erwarten, die stillen Wünsche verbergend,
Daß er sich brächte zunächst die Braut zum Hause geführet:
Und wie hätt' ich alsdann die heimlichen Schmerzen ertragen?
Glücklich bin ich gewarnt, und glücklich löst das Geheimnis
170 Von dem Busen sich los, jetzt, da noch das Übel ist heilbar.
Aber das sei nun gesagt. Und nun soll im Hause mich länger
Hier nichts halten, wo ich beschämt und ängstlich nur stehe,
Frei die Neigung bekennend und jene törichte Hoffnung.
Nicht die Nacht, die breit sich bedeckt mit sinkenden Wolken,
Nicht der rollende Donner (ich hör' ihn) soll mich verhindern,
Nicht des Regens Guß, der draußen gewaltsam herabschlägt,
Noch der sausende Sturm! Das hab' ich alles ertragen
Auf der traurigen Flucht und nah am verfolgenden Feinde.
Und ich gehe nun wieder hinaus, wie ich lange gewohnt bin,

180 Von dem Strudel der Zeit ergriffen, von allem zu scheiden.
Lebet wohl! Ich bleibe nicht länger — es ist nun geschehen!"
  Also sprach sie, sich rasch zurück nach der Thüre bewegend,
Unter dem Arm das Bündelchen noch, das sie brachte, bewahrend.
Aber die Mutter ergriff mit beiden Armen das Mädchen,
Um den Leib sie fassend, und rief verwundert und staunend:
„Sag, was bedeutet mir dies und diese vergeblichen Thränen?
Nein, ich lasse dich nicht: du bist mir des Sohnes Verlobte!"
Aber der Vater stand mit Widerwillen dagegen,
Auf die Weinende schauend, und sprach die verdrießlichen Worte:
190 „Also das ist mir zuletzt für die höchste Nachsicht geworden,
Daß mir das Unangenehmste geschieht noch zum Schlusse des
                                                                  Tages!
Denn mir ist unleidlicher nichts als Thränen der Weiber,
Leidenschaftlich Geschrei, das heftig verworren beginnet,
Was mit ein wenig Vernunft sich ließe gemächlicher schlichten.
Mir ist lästig, noch länger dies wunderliche Beginnen
Anzuschauen: vollendet es selbst — ich gehe zu Bette!"
Und er wandte sich schnell und eilte, zur Kammer zu gehen,
Wo ihm das Ehbett stand und wo er zu ruhen gewohnt war.
Aber ihn hielt der Sohn und sagte die flehenden Worte:
200 „Vater, eilet nur nicht und zürnt nicht über das Mädchen!
Ich nur habe die Schuld von aller Verwirrung zu tragen,
Die unerwartet der Freund noch durch Verstellung vermehrt hat.
Redet, würdiger Herr! denn Euch vertrau' ich die Sache.
Häufet nicht Angst und Verdruß, vollendet lieber das Ganze!
Denn ich möchte so hoch Euch nicht in Zukunft verehren,
Wenn Ihr Schadenfreude nur übt statt herrlicher Weisheit!"
  Lächelnd versetzte darauf der würdige Pfarrer und sagte:
„Welche Klugheit hätte denn wohl das schöne Bekenntnis
Dieser Guten entlockt und uns enthüllt ihr Gemüte?
210 Ist nicht die Sorge sogleich dir zur Wonn' und Freude geworden?
Rede darum nur selbst! Was bedarf es fremder Erklärung?"
Nun trat Hermann hervor und sprach die freundlichen Worte:
„Laß dich die Thränen nicht reun noch diese flüchtigen Schmerzen!
Denn sie vollenden mein Glück und, wie ich wünsche, das deine.
Nicht das treffliche Mädchen als Magd, die Fremde, zu dingen,
Kam ich zum Brunnen: ich kam, um deine Liebe zu werben!
Aber, ach! mein schüchterner Blick, er konnte die Neigung
Deines Herzens nicht sehn: nur Freundlichkeit sah er im Auge,

Als aus dem Spiegel du ihn des ruhigen Brunnens begrüßtest!
220 Dich ins Haus nur zu führen, es war schon die Hälfte des Glückes.
Aber nun vollendest du mir's! O, sei mir gesegnet!"
Und es schaute das Mädchen mit tiefer Rührung zum Jüngling,
Und vermied nicht Umarmung und Kuß, den Gipfel der Freude,
Wenn sie den Liebenden sind die lang ersehnte Versicherung
Künftigen Glücks im Leben, das nun ein unendliches scheinet.
Und den übrigen hatte der Pfarrherr alles erkläret.
Aber das Mädchen kam, vor dem Vater sich herzlich mit Anmut
Neigend und so ihm die Hand, die zurückgezogene, küssend,
Sprach: „Ihr werdet gerecht der Überraschten verzeihen,
230 Erst die Thränen des Schmerzes und nun die Thränen der Freude!
O, vergebt mir jenes Gefühl! Vergebt mir auch dieses,
Und laßt nur mich ins Glück, das neu mir gegönnte, mich finden!
Ja, der erste Verdruß, an dem ich Verworrene schuld war,
Sei der letzte zugleich! Wozu die Magd sich verpflichtet,
Treu, zu liebendem Dienst, den soll die Tochter Euch leisten!"
Und der Vater umarmte sie gleich, die Thränen verbergend.
Traulich kam die Mutter herbei und küßte sie herzlich,
Schüttelte Hand in Hand: es schwiegen die weinenden Frauen.
Eilig faßte darauf der gute, verständige Pfarrherr
240 Erst des Vaters Hand und zog ihm vom Finger den Trauring
(Nicht so leicht: er war vom rundlichen Gliede gehalten),
Nahm den Ring der Mutter darauf und verlobte die Kinder,
Sprach: „Noch einmal sei der goldenen Reifen Bestimmung
Fest ein Band zu knüpfen, das völlig gleiche dem alten.
Dieser Jüngling ist tief von der Liebe zum Mädchen durchdrungen,
Und das Mädchen gesteht, daß auch ihr der Jüngling erwünscht ist:
Also verlob' ich Euch hier und segn' Euch künftigen Zeiten
Mit dem Willen der Eltern und mit dem Zeugnis des Freundes."
Und es neigte sich gleich mit Segenswünschen der Nachbar.
250 Aber als der geistliche Herr den goldenen Reif nun
Steckt' an die Hand des Mädchens, erblickt' er den anderen staunend,
Den schon Hermann zuvor am Brunnen sorglich betrachtet.
Und er sagte darauf mit freundlich scherzenden Worten:
„Wie? du verlobest dich schon zum zweitenmal? Daß nicht der erste
Bräutigam bei dem Altar sich zeige mit hinderndem Einspruch!"
Aber sie sagte darauf: „O, laßt mich dieser Erinnrung
Einen Augenblick weihen! Denn wohl verdient sie der Gute,
Der mir ihn scheidend gab und nicht zur Heimat zurückkam.

Alles ſah er voraus, als raſch die Liebe der Freiheit,
260 Als ihn die Luſt, im neuen, veränderten Weſen zu wirken,
Trieb, nach Paris zu gehn, dahin, wo er Kerker und Tod fand.
Lebe glücklich, ſagt' er. Ich gehe: denn alles bewegt ſich
Jetzt auf Erden einmal, es ſcheint ſich alles zu trennen.
Grundgeſetze löſen ſich auf der feſteſten Staaten,
Und es löſt der Beſitz ſich los vom alten Beſitzer,
Freund ſich los von Freund: ſo löſt ſich Liebe von Liebe.
Ich verlaſſe dich hier, und, wo ich jemals dich wieder
Finde — wer weiß es? Vielleicht ſind dieſe Geſpräche die letzten.
Nur ein Fremdling, ſagt man mit Recht, iſt der Menſch hier auf
                                        Erden:
270 Mehr ein Fremdling als jemals iſt nun ein jeder geworden.
Uns gehört der Boden nicht mehr, es wandern die Schätze;
Gold und Silber ſchmilzt aus den alten, heiligen Formen:
Alles regt ſich, als wollte die Welt, die geſtaltete, rückwärts
Löſen in Chaos und Nacht ſich auf und neu ſich geſtalten.
Du bewahrſt mir dein Herz: und finden dereinſt wir uns wieder
Über den Trümmern der Welt, ſo ſind wir erneute Geſchöpfe,
Umgebildet und frei und unabhängig vom Schickſal.
Denn was feſſelte den, der ſolche Tage durchlebt hat?
Aber ſoll es nicht ſein, daß je wir, aus dieſen Gefahren
280 Glücklich entronnen, uns einſt mit Freuden wieder umfangen,
O, ſo erhalte mein ſchwebendes Bild vor deinen Gedanken,
Daß du mit gleichem Mute zu Glück und Unglück bereit ſeiſt!
Locket neue Wohnung dich an und neue Verbindung,
So genieße mit Dank, was dann dir das Schickſal bereitet:
Liebe die Liebenden rein, und halte dem Guten dich dankbar.
Aber dann auch ſetze nur leicht den beweglichen Fuß auf:
Denn es lauert der doppelte Schmerz des neuen Verluſtes.
Heilig ſei dir der Tag — doch ſchätze das Leben nicht höher
Als ein anderes Gut, und alle Güter ſind trüglich!
290 Alſo ſprach er, und nie erſchien der Edle mir wieder.
Alles verlor ich indes, und tauſendmal dacht' ich der Warnung.
Nun auch denk' ich des Worts, da ſchön mir die Liebe das
                                        Glück hier
Neu bereitet und mir die herrlichſten Hoffnungen aufſchließt.
O, verzeih, mein trefflicher Freund, daß ich, ſelbſt an dem Arm dich
Haltend, bebe! So ſcheint dem endlich gelandeten Schiffer
Auch der ſicherſte Grund des feſteſten Bodens zu ſchwanken."

Alſo ſprach ſie und ſteckte die Ringe nebeneinander.
Aber der Bräutigam ſprach mit edler, männlicher Rührung:
„Deſto feſter ſei, bei der allgemeinen Erſchüttrung,
300 Dorothea, der Bund! Wir wollen halten und dauern,
Feſt uns halten und feſt der ſchönen Güter Beſitztum.
Denn der Menſch, der zur ſchwankenden Zeit auch ſchwankend
                                                gesinnt iſt,
Der vermehret das Übel und breitet es weiter und weiter:
Aber wer feſt auf dem Sinne beharrt, der bildet die Welt ſich.
Nicht dem Deutſchen geziemt es, die fürchterliche Bewegung
Fortzuleiten, und auch zu wanken hierhin und dorthin.
Dies iſt unſer: ſo laß uns ſagen und ſo es behaupten!
Denn es werden noch ſtets die entſchloſſenen Völker gepriesen,
Die für Gott und Geſetz, für Eltern, Weiber und Kinder
310 Stritten und gegen den Feind zuſammenſtehend erlagen.
Du biſt mein: und nun iſt das Meine meiner als jemals!
Nicht mit Kummer will ich's bewahren und ſorgend genießen,
Sondern mit Mut und Kraft. Und drohen diesmal die Feinde
Oder künftig, ſo rüſte mich ſelbſt und reiche die Waffen:
Weiß ich durch dich nur verſorgt das Haus und die liebenden Eltern,
O, ſo ſtellt ſich die Bruſt dem Feinde ſicher entgegen.
Und gedächte jeder wie ich, ſo ſtünde die Macht auf
Gegen die Macht, und wir erfreuten uns alle des Friedens!“

Druck von Johannes Päßler, Dresden, gr. Kloſterg. 5.

Selbst für das humanistische Gymnasium erkennen die preußischen Lehrpläne den Wert guter Übersetzungen durch die Bestimmung an, daß, soweit Ilias und Odyssee nicht in der Ursprache gelesen werden können, zur Ergänzung vom Lehrer gute Übersetzungen heranzuziehen sind. Ebenso förderlich, ja vielleicht noch notwendiger wird es sein, neben den wenigen in der Ursprache gelesenen antiken Dramen auch andere in Übersetzung heranzuziehen, um in raschem Überblick und unter Gewinnung des ästhetischen Eindruckes des ganzen Werkes auch die künstlerische und dichterische Bedeutung von Werken des Äschylus und des Euripides, sowie der nicht griechisch gelesenen Dramen des Sophokles durch eigene Erfahrung zu gewinnen.

Ebenso ist neben dem Lesen von Dramen Shakespeares im Original auch auf Übersetzungen hinzuweisen.

Eine zweite Reihe wird die wichtigsten ästhetischen Schriften selbst umfassen, in denen unsere großen Dichter und Denker die Ergebnisse ihrer forschenden Betrachtungen niedergelegt haben.

Ihnen werden sich als dritte Reihe solche prosaische Werke historischen Inhaltes anreihen, die zugleich durch künstlerische Darstellung charakteristische Muster für die Behandlung geschichtlicher Stoffe abzugeben vermögen. An sie schließen sich Erläuterungsschriften, die einzelne Gebiete zusammenfassen und dadurch für den Unterricht bleibende Bedeutung und vielfache Verwendung haben.

Die zur Ausgabe gelangten Bände der „Deutschen Schul-Ausgaben" bilden drei Gruppen und enthalten außer dieser Nr. 23 zunächst:

# I. Dichterische Kunstwerke.

Nr. 5. **Goethe, Iphigenie auf Tauris.** Herausgegeben von Dr. Veit Valentin, Professor an dem Realgymnasium Wöhlerschule in Frankfurt a. M.

= 8/9. **Das Nibelungenlied im Auszuge.** Mit Benutzung der Simrockschen Ausgabe herausg. v. Dr. G. Rosenhagen, Oberlehrer an der Realschule in Eilbeck (Hamburg).

= 12/13. **Schiller, Die Jungfrau von Orleans.** Herausgegeben von Veit Valentin.

= 14. **Sophokles, Antigone.** Übersetzt und herausgegeben von Veit Valentin.

= 17/18. **Die höfische Lyrik des Mittelalters.** Herausgegeben und zum Teil übersetzt von Dr. Eitner, Direktor des Realgymnasiums zu Görlitz.

= 19. **Die Dichtung der Befreiungskriege.** Herausgegeben von Dr. Julius Ziehen. Mit einer Abbildung.

= 20. **Schiller, Braut von Messina.** Herausgegeben von Veit Valentin.

= 21/22. **Homer, Odyssee.** Herausgeg. von Dr. Julius Ziehen, Oberlehrer am Goethegymnasium zu Frankfurt a. M.

= 24. **Lutherlesebuch.** Herausgegeben von Dr. E. Schlee, Direktor des Realgymnasiums zu Altona.

# II. Ästhetische Schriften.

Nr. 6/7. **Lessing, Laokoon.** Herausgegeben von Dr. Veit Valentin.

= 10/11. **Lessing, Hamburgische Dramaturgie.** Herausgegeben von Dr. P. Primer, Professor an dem Kaiser-Friedrichs-Gymnasium zu Frankfurt a. M.

# III. Historische und Erläuterungsschriften.

Nr. 3. **Goethe, Dichtung und Wahrheit. Erster Teil.** Herausgegeben von Dr. Hermann Schiller, Geh. Ober-Schulrat, Direktor des Gymnasiums in Gießen. Mit Abbild.

= 4. **Goethe, Dichtung und Wahrheit. Zweiter Teil.** Herausgegeben von Dr. Hermann Schiller. Mit Abbild.

= 15/16. **Quellenbuch** für die griechische Geschichte von H. Butzer. Oberlehrer an der Wöhlerschule in Frankfurt a. M.

= 1. **Götterglaube und Göttersagen der Germanen,** dargestellt von Dr. Wolfgang Golther, Professor an der Universität Rostock.

= 2. **Deutsche Heldensage.** Von Dr. Wolfgang Golther.

CPSIA information can be obtained
at www.ICGtesting.com
Printed in the USA
BVHW041200050219
539515BV00025B/1767/P